易中天中华史

The History of China / 16

安史之乱

易中天 著

浙江文艺出版社
Zhejiang Literature & Art Publishing House

果麦文化 出品

目录

Contents

第一章 / **开元新政**

第二章 / **潜在危机**

第三章 / **动乱始末**

第四章 / **走向沉沦**

第五章 / **唐诗精神**

第一章

开元新政

年轻的皇帝身着戎装，
亲自指挥着受阅部队。
由此开幕的半个世纪，
故事将曲折而漫长。

大阅兵

唐玄宗亲政后的第一件大事是阅兵。

阅兵式庄严而隆重。二十万受阅部队在骊山脚下沿着河流摆开阵势，旌旗相连长达五十多里。他们的金戈和铁甲在阳光下熠熠生辉，他们的军容威武雄壮。二十九岁的皇帝甚至身着戎装擂起战鼓，亲自指挥了军队的进退出入。[1]

三军将士山呼万岁。

随后，玄宗发布了嘉奖令。陛下不无忧虑地指出，帝国的状况不容乐观，就像快要坠落的珠串。因此他希望，全体官兵能够同心同德，令行禁止，以忠贞不渝的精神和无坚不摧的实力，誓死捍卫大唐的江山社稷。[2]

很难说这些话是不是危言耸听。事实上，玄宗正式接管政权之时，大唐立国已近百年。这对于经历了四个世纪分裂动荡的中华大地堪称幸运，何况太宗执政的二十三年还号称贞观之治，他本人也成为各族人民的天可汗。

之后半个世纪的高宗和武后时代，帝国仍然兴旺发达歌舞升平。尽管武则天称帝前后也曾乌云蔽日，但那黑暗是李唐皇室和部分官员的，不是人民群众的，甚至不是庶族地主阶级的。相反，由于武则天清除了关陇勋贵的势力，也由于她大力推行科举制度，贫寒之士反倒有了出头之日。唯其如此，帝国的大厦才不会因为她的血洗和屠戮而坍塌。

实际上武则天是大唐王朝的掘墓人，更是它的守陵人甚至建设者。正如诸位在《女皇武则天》中读到的，唐太宗在维护既得利益的长孙无忌等人撺掇下，选择了能力最弱的李治为接班人。在他看来，这样就能避免因祸起萧墙而导致帝国分裂，自己的政治路线和一世英名也能得以保全。

可惜英明的太宗皇帝忘记了，或者根本就不知道，没有能力掘墓的人往往也守不住陵。他当然也想不到，李治不但将帝国拱手相让，而且还是让给了一个女人。

这才真是天大的玩笑。

幸运的是，这个女人偏偏具有治国的能力。在她与高宗共同执政和独立执政的四十多年间，武则天保证了帝国长期和持久的统一，并让它充满活力。就连改朝换代，较之以前的宋、齐、梁、陈、北周和隋，也是代价最小的。

更何况，她还把帝国交还给了李唐。

可惜，由于历史不能假设，我们无法设想没有武后的高宗政权是什么样，更无法设想李弘或李贤的王朝。因为没有武则天就没有李弘和李贤，哪怕李贤是私生子。但似乎可以肯定，她至少没有把国家弄得更糟，尽管鼓励告密、制造冤案和滥杀无辜对世道人心无疑有着破坏作用。[3]

那么，玄宗皇帝的危机感从何而来？

短暂而混乱的中宗和睿宗时期。

◎无字碑

无字碑位于高宗和武则天的合葬墓乾陵，是武则天所立。有说法认为，武则天立此碑，有功过是非让后人去评说的意思。

这是一段空洞无物和令人沮丧的岁月。当一群官员成功地将女皇武则天赶下台后，才突然发现她留下的空白根本就没有人能够填补，自己反倒在她的有生之年被夺权，后来又被彻底消灭。女皇交出的政权，则落入一伙既无德又无能的人手中，包括武则天的侄子武三思、唐中宗的韦皇后和女儿安乐公主，以及女皇政敌上官仪的孙女上官婉儿。

如此奇怪的联盟，当然只会胡作非为。这就给了唐玄宗李隆基创造历史的机会，而他原本是与皇位无缘的。因为他的父亲李旦是武则天的第四个儿子，中宗李显的弟弟，他自己则在兄弟中排行老三，实在与九五之尊远隔重洋。这位王子后来能够成为大唐第六任皇帝，还是在位时间最长的，仅仅因为历史选择了他，他选择了政变。

当然，也要拜韦皇后的愚蠢所赐。

韦皇后的愚蠢在于太想当女皇帝，她的女儿安乐公主也太想当皇太女。她们甚至等不到中宗寿终正寝，就提前把他送进了鬼门关。此案虽然扑朔迷离，韦皇后一伙不得人心则大约是实，因此毫无悬念地便被李隆基就地正法。

当时，李隆基才二十六岁，还很不起眼。

政变得到了太平公主的帮助，甚至干脆被认为就是武则天的这个小女儿所策划。因为事情进行得易如反掌，背后肯定需要权力和金钱的支持。这两样东西李隆基都不多，太平

◎中宗睿宗时代的权力斗争

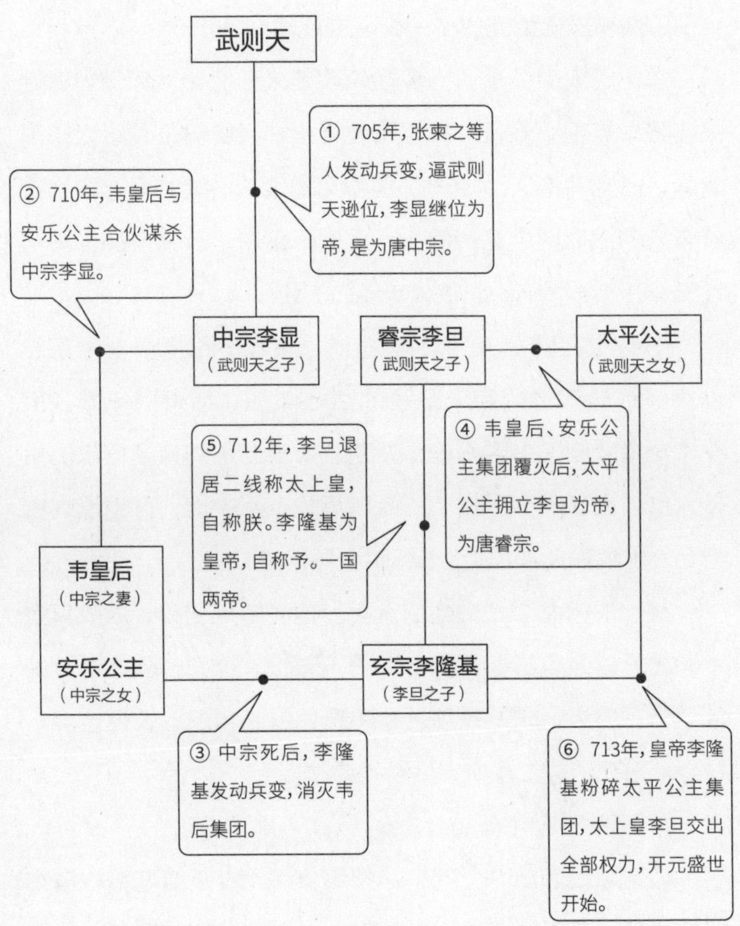

公主却应有尽有。她在女皇的时代就很活跃，中宗即位之时又加封了“镇国”的头衔。唯其如此，事成之后她才会走到台前，蛮横傲慢地完成了把李旦变成皇帝的杰作。[4]

总之，太平公主认为现在轮到她大显身手。尽管当时她只能将李旦推上皇位，甚至无法阻止李旦将皇位传给太子李隆基，但她并不认为帝国就是那父子俩的。她的身上既然流着李唐和武周两个皇帝的血，小哥哥睿宗李旦又是那样地与世无争，那么，平治天下，她当仁不让。

一心向往曾祖父“贞观之治”的太子和皇帝李隆基，也只好跟他那坚持则天路线的姑姑斗法。结果则一如我们在《女皇武则天》中所述，失败的太平公主结束了自己的生命，也结束了一个时代。从此以后，直到晚清，再也没有哪个女人能够如此严重地影响到中华帝国的政局。

获胜的唐玄宗却感到了危机。他清楚地记得，成败只有一天之差。如果不是由于得到线人通报，抢先一步在七月三日动手，那么，死无葬身之地的恐怕就是自己，大唐也弄不好会再出现一位女皇帝，尽管她姓李。

教训啊！

结论却很简单，那就是必须集权，尤其是要把军权牢牢掌握在自己手里。事实上，太平公主之所以比韦皇后一伙更难对付，原因之一就在后者只知道买官卖官，手下尽是无能之辈；前者却不但控制了文官，而且收买了军队。

当时的形势确实严峻。政事堂会议成员七名，四个是太平公主的人；宫廷警卫部队四军，也有两军效忠公主。三品以上官员的任免权，则掌握在退居二线的太上皇手里。太平公主正是靠着这位和事佬哥哥，一手遮住半边天的。[5]

显然，这其实是三个人的博弈，睿宗李旦也不像人们想象的那样软弱或糊涂。他一生三让天下：第一次让给母亲武则天，第二次让给哥哥李显，第三次让给儿子李隆基，每次都不是高风亮节，而是精打细算。当然，是为自己。

这一回事情的起因是天空出现了一颗彗星。按照当时的传统观念，应该视为上天神秘的警示。太平公主便让人放出风来，声称还发现象征皇帝和太子的星辰也都有异变。言外之意很明显：只有废黜太子，皇帝才是安全的。

可惜公主机关算尽，却没有哥哥聪明。睿宗干脆宣布辞去皇位，那可就一了百了，彻底安全。他甚至对闻讯赶来匍匐在地的皇太子李隆基把话挑明：让位是为了避灾。你如果真是孝子，何必一定要等朕死以后再即位？[6]

所有人都无话可说。

就连他保留帝国的最高仲裁权，也表面上是太平公主的阴谋诡计，实际上是睿宗皇帝的如意算盘。大事拍板，小事不管，这个太上皇当得游刃有余。可怜的儿皇帝却连自称朕的资格都没有，不过是李旦的打工仔和挡箭牌。

看来，李隆基其实应该感谢太平公主的步步紧逼，否则他真是无法将自己变成帝国真正的当家人。尽管之前太上皇和他的关系很像董事长和总经理，大唐却不是公司。对于中华帝国来说，稳定是压倒一切的。稳定就要集权，而且必须集中在皇帝手里，不能再像以前那样三家分红。

难怪唐玄宗在接管政权之后三个月就要阅兵了。他就是要用这种方式昭告天下：新时代已经开始。

因此他也要杀人，或假装要杀。

姚崇拜相

差一点被杀的是郭元振。

郭元振是大功臣。先天二年（713）七月三日，唐玄宗发兵捕杀太平公主党羽，太上皇李旦闻变登上城楼，正是郭元振以兵部尚书、同中书门下三品的身份率兵前往护驾。他对李旦说：皇帝奉命诛灭乱党。没有别的，请陛下放心！[7]

这就不但稳住了李旦，也为事变定了调子。之后，以太上皇名义发布的诏书便声称公主的党羽妄图弑君谋篡，被皇帝奉太上皇之命讨除。李隆基的行动因此有了合法性，郭元振的作用则几乎相当于玄武门之变中的尉迟敬德。[8]

然而十月十三日的阅兵式上，玄宗却突然翻脸，以“军容不整”的罪名要将郭元振军法从事。只是由于另外两位新任宰相跪在马前苦苦哀求，才饶他不死改判流放。[9]

这很奇怪。军容不整当然牵强，兔死狗烹也未必。郭元振不是韩信，并不对皇权构成威胁，至少可烹可不烹。事实上为他求情的那两人，便正是因为有功而拜相。更何况玄宗当真要杀郭元振，又岂是他们能够劝阻的？

显然，这是假装要杀。

假装要杀也未必是为了立威，至少并不完全如此。威当然要立，却不一定要靠杀人，实际上也没有杀。因此结论只有一个：玄宗不想要郭元振的脑袋，却想要他的职位：兵部尚书、同中书门下三品。这个职位翻译成现代汉语，就是国务委员兼国防部长或者参谋长联席会议主席。

这样说，有证据吗？

有。因为就在第二天，即十月十四日，唐玄宗便立即任命他人接替了郭元振的职务。此人时任同州刺史，受命之前不过是阅兵式的观礼人员，也不曾参与粉碎太平公主集团的行动，可见玄宗的任免其实深思熟虑蓄谋已久。因此，谁来接替那倒霉的郭元振，便成为解开谜团的关键所在。

继任的叫姚崇。

姚崇是武则天的人。八年多以前，则天皇帝逊位，中宗君臣弹冠相庆，只有姚崇泣不成声。旁边人提醒他这样做不合时宜，姚崇却表示悲从中来情不自禁，而且惜别旧君正是人臣之义。结果，他当天就由宰相贬为刺史。[10]

玄宗皇帝看中的，却正是这份忠诚。

忠诚历来就是君主对臣僚的要求，只不过忠诚或忠臣也有两种。一种是谋臣之忠。他们受人之托，忠人之事，殚精竭虑替君主谋划，为了成功可以不择手段，敢冒风险也甘冒风险。至于所谋之事是否正当，则不在考虑之列。

另一种是贤臣之忠。他们当然会恪守君臣大义，为君主的事业鞠躬尽瘁。但这与其说是忠于君主本人，不如说是忠于自己认可的道德准则和社会理想。这就要求对方是英明的领袖，起码也是合格的君主。如此，贤臣才能借助君权实现自己的政治抱负：致君尧舜上，再使风俗淳。[11]

幸运的是，李隆基正好是一个想做圣君的人，姚崇的任命也被描述得极具戏剧性。据说，阅兵式的第二天，唐玄宗在渭水之滨打猎，姚崇被召见在马前。当时玄宗皇帝的心情和兴致都很好，便笑容满面地问他：爱卿会打猎吗？

姚崇说：臣读书不多。要说打猎，老当益壮。

很好！玄宗皇帝说。朕很久没有见你了，正好有些事情要听你的意见，跟着宰相们一起走吧！说完策马而去。

姚崇却不跟着，落在后面。

玄宗奇怪。

姚崇说：臣是小地方官，不该与宰相同列。

玄宗说：你现在是兵部尚书、同中书门下三品。

姚崇并不谢恩。

皇帝暗自惊讶，却也并不多问。到了行宫，玄宗让宰相们坐定，姚崇却跪下来说：臣有十项主张要奏明圣上。如果陛下认为事不可行，刚才的任命臣不敢奉诏。

玄宗说：尽管言无不尽，朕量力而行就是。

姚崇问：不靠严刑峻法，而以仁义治国，行吗？

玄宗说：这正是朕寄希望于爱卿的。

姚崇问：不穷兵黩武，不好大喜功，行吗？

玄宗说：完全可以。

姚崇问：宦官不得干预朝政，行吗？

玄宗说：考虑已久。

姚崇问：国戚不任宰相，冗官一律淘汰，行吗？

玄宗说：早该如此。

接下来姚崇提出的其他主张，玄宗全部接受，包括所有的臣僚都能犯颜直谏，他们的人格尊严不受欺侮；也包括将两汉和武周的历史教训记录在案，永为警示。于是姚崇山呼万岁：天下万幸！圣君千载难逢，姚崇敢不肝脑涂地。

玄宗说：赐坐。

原本坐在首位的中书令立即起身让座。

姚崇说：中书令是首相，姚崇岂敢僭越。

玄宗说：那就由你来做中书令。[12]

◎唐代文官俑

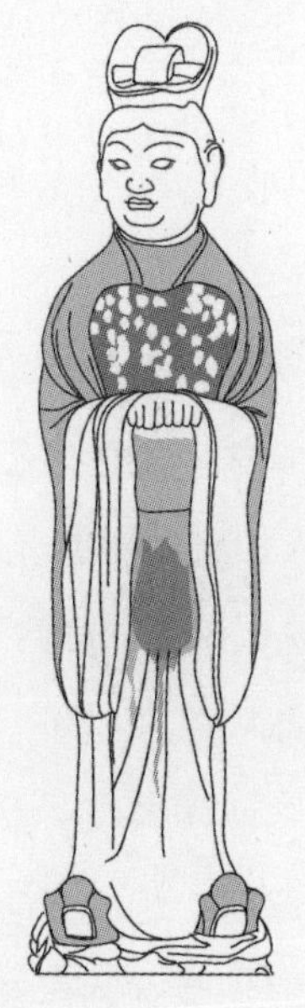

唐代三彩文官俑，1981年洛阳龙门安菩夫妇墓出土。

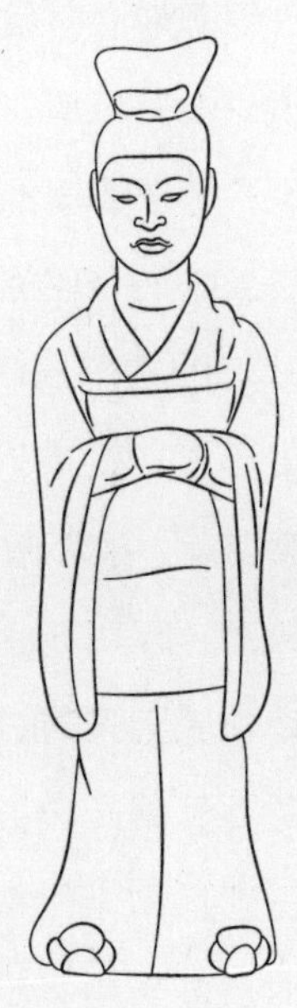

唐代彩绘文官俑，洛阳博物馆藏。

上述故事实在太像小说，所以不被正史采信。但，姚崇有这十项施政纲领是事实，担任了中书令也是事实，只不过要到两个月以后。原来的中书令，则被贬为刺史。[13]

这当然又是姚崇所为。某次上朝，姚崇一瘸一拐。玄宗关切地问：爱卿难道有足疾吗？

姚崇说：没有足疾，只有心病。

玄宗问：病在哪里？

姚崇答：中书令秘密地进了岐王府。[14]

久经沙场的玄宗皇帝立刻就听明白了。想想看，历史上哪一次政变不是因为内外勾结？尽管玄宗相信岐王作为自己的弟弟不会谋反，破坏政治规矩的人却必须严惩。

朝野轰动，因为下台的中书令是张说（读如月）。

张说早在武则天的时代便已名闻天下。长安三年（703）九月，国务委员魏元忠被张昌宗兄弟诬告谋反，女皇令太子李显、相王李旦和全体宰相组成合议庭，让魏元忠与原告在御前当面对质。于是张昌宗提出，传张说出庭作证。他的理由是：魏元忠妄议陛下老迈年高，乃是此人亲耳所闻。

没想到，张说进去后却一言不发。

当时的气氛十分紧张。朝堂外，正派的大臣担心张说作伪证，在他进去之前纷纷提出警告。御座前，所有的目光都集中在他一人身上，不知道他会说出什么话来。魏元忠沉不住气，高声叫道：张说，难道你要伙同张昌宗诬陷我吗？张昌宗则胜券在握，气焰嚣张地催着张说赶快作证。

张说这才开口。他先是斥责魏元忠：身为宰相，怎么像贩夫走卒一样没有见识！然后禀告武则天：陛下明鉴！当着陛下的面，张昌宗都可以把人逼成这个样子，不难想象在外面何等猖狂。臣不敢欺君，臣确实不曾听见魏元忠有过不当言论，反倒是张昌宗许以高官厚禄，要臣信口雌黄。[15]

位卑官微的张说从此让人刮目相看。中宗即位后，他从放逐之地被召回京城，后来又跟姚崇和郭元振一起成为李隆基的太子党。只不过在与太平公主的斗争中，郭元振保住了相位，张说被排挤到洛阳，所以都在七月三日的事变中立下汗马功劳，姚崇却由于被贬到外地而与此无缘。

因此张说下课，以及其他“七三功臣”纷纷被贬，便被认为是姚崇的嫉妒所致。其实不然。玄宗不是睿宗，更不是中宗，岂是姚崇所能左右？说到底，他的翻脸不认人，根本原因是要开创新纪元。别忘了，新皇帝的新年号可是叫做“开元”的。走马换将，不过意味着启动新的程序而已。

那么，姚崇能让玄宗开门红吗？

宋璟当国

姚崇并没有辜负唐玄宗。他担任中书令仅仅一年，就理顺了所有的关系，也包揽了所有的政务，以至于他那唯唯诺诺的同僚几乎形同虚设，竟被称为“伴食宰相”。[16]

于是姚崇不免飘飘然，甚至不无得意地问下属齐澣（浣的异体字，读如换）：你看我这个宰相可以跟谁相比？

齐澣不回答。

姚崇又问：比得上管仲、晏婴吗？

齐澣实话实说：好像比不上。

姚崇说：虽然如此，总得有个说法吧？

齐澣说：也不过救时之相而已。

姚崇却喜出望外。他高兴地把笔一扔：哈哈！能够救时的宰相，又岂是随随便便找得到的？[17]

这是自得，也是自知。作为担任过军职的文臣，姚崇的行事风格是干脆利索又勇于担当，确实能够救时。开元三年（715）五月，太行山以东遭遇蝗灾，地方官和老百姓都畏惧天命不敢灭蝗。姚崇却说：怕什么！民以食为天，哪有保蝗而不救人的道理？请皇帝陛下不要颁旨，由我签署政府命令剿灭蝗虫。如果有天谴，我姚崇一人承担就是。[18]

此言颇有太宗遗风。贞观二年（628）六月，查看灾情的李世民就曾抓起一把蝗虫往嘴里送。他的说法是：五谷是老百姓的命，不能被它们吃了，要吃就来吃朕的脏腑！

侍从急忙阻止：这种东西吃了有伤圣体。

太宗皇帝却说：朕执政为民，怕什么病！[19]

这很酷，尽管未免做秀之嫌。[20]

姚崇却无法与太宗相提并论，朝野上下对他也并非没有微词。实际上作为开元新政的当头炮，他能做的也就是对过去的弊病进行改革，帮玄宗在政治上扭亏为盈。因此，当这一历史使命接近完成之时，他的政治生命也就到头。

更麻烦的是，姚崇喜欢玩弄权术，也不够廉洁，至少没能管好子女，甚至卷入里通外国的贪腐案中。幸亏他及时接受齐澣“逊位避祸”的建议，主动辞去相职，这才平平安安软着陆，还得到了开府仪同三司（从一品）的荣衔，距离他担任中书令刚好整整三年，真可谓“救时之相”。[21]

接替姚崇的是宋璟（读如景）。

宋璟是姚崇推荐的，两人的风格却完全不同。姚崇机动灵活，能谋善变；宋璟坚持原则，老成持重。据说，当时玄宗派了一位将军迎他进京，宋璟居然一路闭口不言。受到冷遇的将军回去以后大吐苦水，皇帝对宋璟却更加敬重，因为执行公务的时候原本就不该讲什么私房话。[22]

其实宋璟的正派耿直举世闻名。就连专横跋扈如武则天都不得不敬让他三分。长安四年（704）十二月，女皇的男宠张昌宗私召术士看相一案东窗事发，时任御史中丞（监察部副部长）的宋璟便要求将其正法。理由是：术士妄称张昌宗有天子之相，张昌宗为什么不移送司法？可见包藏祸心。

女皇说：这件事昌宗已经向朕奏明，可以算自首。

宋璟说：依法，自首免罪条款不适用于大逆不道。

女皇只好放下身段和颜悦色说软话，宋璟却声色俱厉不依不饶。站在一旁的马屁精宰相急忙宣读敕令，要宋璟立即退朝。宋璟却一声冷笑：圣主在上，哪里用得着你矫诏？

则天皇帝无可奈何，只好批准宋璟审理此案，却又在中途用特赦令将张昌宗从御史台救出。自知理亏的女皇让张昌宗私下里去向宋璟谢罪，宋璟却不给面子。他说：如果要谈公事，请公开说。如果讲私情，对不起，国法无私。[23]

这就是宋璟的刚正不阿。

当然，他也因此得罪了中宗皇帝和太平公主。[24]

玄宗看中的却正是宋璟的正直，而且宋璟的到来也正是时候。头三年，百废待兴，一团乱麻，需要姚崇的随机应变和大刀阔斧。现在进入制度性建设阶段，就要靠宋璟的浩然正气和稳扎稳打了。看来上天对玄宗确实垂爱，玄宗也很珍惜这难得的机会。两位宰相上朝时，他起身迎接，退朝时又送到门口。姚崇和宋璟的礼遇，无人能及。[25]

与此同时，宰相的构成也发生了变化。

以前多次说过，汉、唐两代的宰相是不同的。汉代宰相是个人，比如丞相、太尉、御史大夫，他们的办公地点和办事机构则叫相府。唐代宰相却是群体。但凡有资格参加国务会议的，不论人数多少都是宰相。宰相没有正副，只有轮值主席，叫执笔。开会地点在政事堂，所以叫政府。

相府与政府，是汉与唐的区别。

因此准确地说，唐代宰相没有总理、副总理，全部都是国务委员。区别仅仅在于，中书省长官中书令、门下省长官侍中、尚书省正副长官尚书令和左右仆射是当然宰相。但由于尚书令职位长期空缺，所以总人数是六人。

其他委员为特任宰相，头衔叫“同中书门下三品”，因为中书令和侍中都是正三品官员。后来，又增加了“同中书门下平章事”的头衔，相当于列席委员或候补委员。

显然，唐代宰相都是兼职，中书令、侍中或六部尚书才是本职。所以，他们都是上午在政事堂开会，下午回去主持各自的省务和部务工作。三省六部，才是中央政府。

宰相既然是兼职，人数就不固定。最多时十几人，最少时一两个。人数少，是因为从睿宗时代起，左右仆射不再是当然宰相，非有特任不得参加国务会议；而中书和门下两省的长官，又往往职位空缺，无人担任。

委员制，开始向领袖制转变。

姚崇和宋璟的时代，情况就更特别，中书门下两省的长官总有一个职位空缺。姚崇任中书令，就没有侍中；宋璟做侍中，又没有中书令。结果，姚崇和宋璟便自然而然地成为首席宰相，一正一副搭班子也成为不成文的惯例。

没错，是惯例，不是规矩，更不是制度。

优点和缺点也都在这里了。优点是：中书和门下两省变成了一个协调的组织，行政效率明显提高。而且由于有了实质上的首相，它也是一个可以问责的政府。否则，姚崇当年怎么敢大包大揽地说，我签署命令，出了事情我负责？

缺点则是权力失去了制衡。实际上，三省六部的制度设计初衷，就是要将决策、审批和执行权分散到中书、门下和尚书三省，以便互相监督。现在，中书门下连为一体，尚书省出局，制衡岂非变成失衡，分权岂非变成集权？

当然。这是趋势，也是玄宗与姚崇和宋璟的共识。事实证明，集权会有成效，同时也有弊病。因为权力集中在少数人手里，谁来掌权就成了关键。结果，君明臣贤则治，开元盛世是证明。君昏臣奸则败，安史之乱是证明。

宋璟似乎意识到了这一危险。他的补救办法，是权力集中与政务公开并行。实际上，政务公开在太宗时代就已经制度化。当时宰相入宫奏事，旁边一定要有谏官和史官；御史弹劾官员，也一定要戴法冠着法袍，当众宣读起诉书。这样一来，一切都是公开透明的，谁也搞不了鬼。

武则天却把这个制度破坏了。她要行非常之事，只能搞特务政治和暗箱操作。于是宋璟主张拨乱反正，玄宗也批准了他的建议。开元五年（717）九月皇帝下诏：从今往后除非事关国家核心机密，一切政务公开，并记录在案。[26]

走到这一步，新政的框架才算是建立起来。

难怪后来有人这样评论：姚崇以其通达完成了历史的转变，宋璟以其正派守住了帝国的根本。正是由于他们两人殊途同归的接力赛，开元盛世才得以初见端倪。[27]

宇文融理财

开元八年（720）正月，宋璟突然被免去宰相职务，跟姚崇一样以“开府仪同三司”的荣衔成为国策顾问。他在相位上停留的时间也跟姚崇差不太多，实际上只有三年。[28]

以此为标志，短暂而难忘的贤臣时代宣告结束。

这是一个君臣共治的时代。双方都在小心翼翼地进行磨合和探索，试图在强有力的君主和他的辅臣之间建立一种健康的关系。因此，这也是一个克制的时代。玄宗谨慎而明智地运用着皇权；宰相勤劳国事，同时防止国家进行劳民伤财和野心勃勃的冒险行动，有如帝国的定海神针。[29]

难怪姚崇和宋璟虽为名相，执政期间却并没有多少惊天动地的作为。因为他们的治国方略和时代特征就是这样十六个字：四夷来寇，驱之而已；百姓富饶，税之而已。[30]

宋璟却还是下台了。

导致他下台的原因在司法和财政。也许是为了保证社会的安定和政权的稳固，宋璟对罪犯们没完没了的申诉极为反感和厌恶，竟将积压案件全部交给监察部门处理，并且交代政策：认罪服法的宽大处理，继续上诉的统统关起来。

结果民怨沸腾，就连艺人也看不下去。当时天旱，一个优伶在表演节目时便扮作旱魔在皇帝面前手舞足蹈。

玄宗问：你这家伙怎么跑出来了？

扮作旱魔的艺人答：奉宰相之命。

玄宗问：此话怎讲？

艺人答：三百多苦主被宰相关押，旱魔能不出来？

玄宗很以为然。[31]

不过，直接让宋璟倒台的是货币问题。我们知道，中华帝国是没有银行的，货币在理论上只能由官方发行。然而由于商业的发达，官铸的铜钱根本不够使用。而且随着货币需求量的迅速增长，它们的质量也变得低劣，还不如民间私铸的铜钱。政府也只好允许私钱流通，以免贸易呆滞。

宋璟和他的搭档却试图一劳永逸地解决这个问题。他们奏请恢复私铸铜钱判处死刑的禁令，并派专使前往私铸最为盛行的地区治理整顿。结果，专使的雷厉风行导致了物价的大幅度波动，民不聊生，怨声载道，舆论哗然。

两位宰相只好为他们灾难性的失败埋单。[32]

问题没有得到解决，短板却暴露出来，那就是帝国的多数官员都不善理财，而且没有兴趣。实际上，自从汉武帝独尊儒术并建立起文官制度，话语权就掌握在儒生手里。在他们的评价体系中，占第一位的是所谓道德文章，其次才是管理才能；而在管理才能中，理财又最为他们鄙视，甚至被看作小人的伎俩和行径。不被骂作卑劣，已是万幸。

可惜帝国不能只靠道德文章来维持。国家机器的正常运转要用钱，王公贵族的穷奢极欲要用钱，雄心勃勃的对外扩张更要用钱。钱，不由天降，不由地生。没人理财，皇帝靠什么过日子，官员靠什么领工资，天下靠什么致太平？

◎唐代流通的几种货币

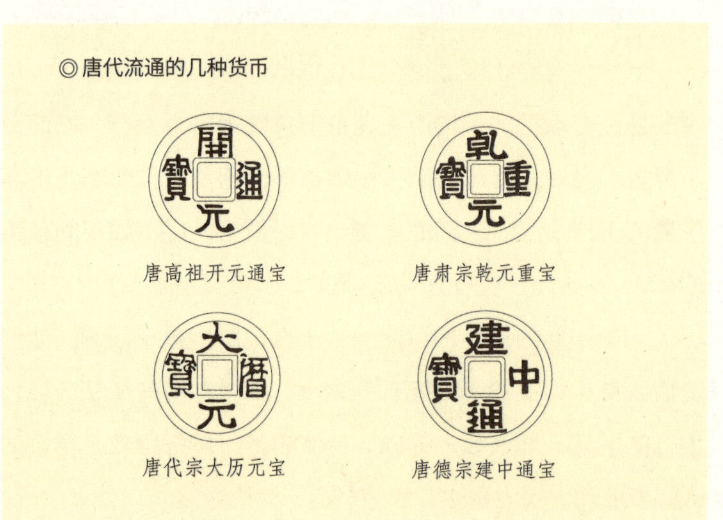

唐高祖开元通宝　唐肃宗乾元重宝

唐代宗大历元宝　唐德宗建中通宝

于是，汉有桑弘羊，宋有王安石，唐有宇文融。

宇文融是在宋璟退场刚好一年后浮出水面的，当时官职不过正八品上的监察御史，提出的方案是查户口。这并非没有道理。由于种种原因，一些农民离乡背井不在原籍，有的定居外地成为逃户，有的流离失所成为流民。前者造成国家财政流失，后者成为社会不安定因素。因此，无论从经济还是政治的角度，将他们重新纳入户籍管理都十分必要。

玄宗批准了宇文融的方案，并任命他作为特使专门处理此案。宇文融也不负厚望。经过不断努力和调整政策（比如允许主动申报的逃户免税六年），这项工作大获成功。三年半以后，八十多万农户和相应的田亩被登记在册，相当于帝国总人口的百分之十二。皇帝对此十分满意，宇文融则被任命为监察部的副部长，后来又兼任财政部副部长。[33]

然而反对的声音也不绝于耳。

反对有经济和政治两方面的原因。实际上，移民他乡的农户之前得以逃税，是因为依附于当地土豪。这些土豪往往是帝国的官员或他们的家族。因此，宇文融的行动就损害了暴发户的利益，何况那些地产商还有着官方背景。

政治的原因则在宇文融和他的团队享有特权。由于是皇帝的特派员，他们在帝国的官僚体系之外自行其是，形成了一个不受国家机器控制的特殊群体。宇文融也毫不客气地以钦差大臣自居，每到一处都要召集男女老少宣示圣旨，给予种种优惠政策，心满意足地听他们感恩戴德痛哭流涕。

于是，当宇文融和他的团队巡视天下时，他们就变成了流动的中央政府。各级地方官员畏惧其特权，大小政务都要先报告宇文融，再报告中书省。就连判处死刑的罪犯，没有宇文融点头核准，地方官也不敢擅自行刑。[34]

这就完全打乱了正常的行政管理秩序，也对帝国的官僚集团构成了威胁，以至于他们不得不群起而攻之。而且从理论上讲，这也是在捍卫国家制度和人格尊严。毕竟，中央集权的帝国不该政出多门，州县长官也不该听命于特使。

反对派的领袖是张说。

张说是在宇文融担任特使之后半年重归相位的，起先担任的职务也是兵部尚书、同中书门下三品，一年半以后成为首相，任中书令。他的卷土重来一般被认为标志着玄宗执政理念和基本国策的调整，因为张说是姚崇的死对头。

姚崇不喜欢张说是有原因的。作为武则天的重臣，他跟狄仁杰一样主张务实，讨厌舞文弄墨和夸夸其谈。何况张说还难免口是心非之嫌，旧史就认为当年如果不是宋璟等人提出警告，张说未必不会作伪证。据说，张说甚至还想私下里修改有关历史记载，只不过遭到了史官的拒绝。[35]

玄宗看中的，却恰恰是张说的文才，甚至称他为“当朝师表，一代词宗”。用这样一个适合担任精神文明建设办公室主任或者作协主席的人做首相，只能说明皇帝开始由求真务实变为好大喜功。没错，制定礼仪需要当朝师表，粉饰太平需要一代词宗，张说自有张说的作用。[36]

何况张说也并非只务虚不务实，裁军二十万和改革兵制就是他的手笔。当时，玄宗不敢相信可以减少兵员，张说却回答说：臣久在疆场，熟悉边务，很清楚将帅们的扩军不是为了备战，而是为了自肥。更何况，兵不在多而在精，将不在勇而在谋。陛下如不放心，臣愿以全族性命担保。

结果，边防军由六十万变成四十万，裁减三分之一。[37]

更大的动作，则是将政事堂改为中书门下。

这可并不仅仅只是更名，而是要改制。因为更名之后用印也要变。原来用政事堂之印，现在用中书门下之印。政事堂是会议，加印之后的文件只能算会议纪要；中书门下却是机构，形成的便是政府公文。一样吗？不一样吧！

其他方面当然也都发生了变化。以前，宰相们不过坐而论道，开会的地点也先在门下省，后在中书省。现在则不但有了正规的官署，还有了五个下属办事机构。借用现代政治术语，就是国务会议变成了国务院。与之相适应，原来的集体负责制也会变成个人负责制，甚至首相的独断专行。[38]

后来一位宰相能独专朝政十几年，原因之一在此。

当然，这并不该张说负责，因为集权化正是姚崇时代就已经开始的趋势和政策。但可以肯定，张说既然要提高宰相地位，加强宰相权力，便容不得别人节外生枝。何况作为科举官僚和文坛领袖，他也看不起宇文融这样靠世袭特权进入官场的北周皇室后裔，以及其他那些没有学问和文采的务实派官员。总之，他们的矛盾不可调和，只看谁胜谁负了。

张说下台

开元十四年（726）四月初四，中书令张说的府邸突然被禁卫军包围，他本人和家属也被捕下狱。原因是包括宇文融在内的监察部正副部长三人联名弹劾张说，罪名是危害国家安全和收受贿赂，并且生活奢靡。其中最为严重也最能刺激玄宗敏感神经的是：该犯竟然私聘术士夜观星象。[39]

皇帝陛下龙颜大怒。

其实，张说早就该料到会有这一天，因为监察部这三个正副部长都是他的死对头。御史台被敌对势力控制，当然是非常严重的事。而且当时就有人提醒他：宇文融理财有圣上支持，不可以太得罪。张说却不屑一顾地说：那种鼠辈干得了什么？于是依然故我地继续处处与宇文融作对。[40]

结果怎么样呢？自己变成了过街老鼠。

说起来张说也是自作自受，因为他得罪的并不单单是宇文融一个人，而是一大批。几个月前，张说排除异己，包揽了封禅大典的所有事务，以至于得到封赏的全是他的人。这就犯了众怒，宇文融也才利用时机狠狠捅了他一刀。

幸运的是，一个宦官救了张说。

救张说的就是传说为李白捧靴的高力士。当时唐玄宗派高力士到狱中看个究竟，高力士回来禀告说：张说蓬头垢面坐在草上惶恐待罪，家人都用瓦罐吃饭喝水。

玄宗不禁心软。

高力士又说：张说是忠于陛下的，而且有功。

玄宗当然清楚这一点。案件审理的结果也表明，私聘术士夜观星象确有其事，却是下属所为，张说并不知情，顶多负有领导责任。于是玄宗将张说从御史台放出，仅仅免去他担任了三年两个月的中书令职务，其他待遇照旧。[41]

宇文融的政治生命却更短。他在扳倒张说三年后的开元十七年（729）六月任“同中书门下平章事”，又在九月被贬为刺史，担任相职只有九十九天，史称“百日宰相”。

原因，当然也是犯了众怒。

宇文融离开朝廷，帝国的财政立马就成了问题。于是玄宗皇帝愤怒地问那些反对派：你们总说宇文融不好，朕依了诸位，结果没钱用了，请问卿等有什么办法？

当然没有。或者说，反对派只有一个办法，那就是继续攻击宇文融，以此证明自己的正确。于是，宇文融的问题被不断揭发，先是受贿，后是贪污。这个倒霉的家伙也被一贬再贬，最后死在了流放的路上。[42]

一个异类就这样被干掉了，现在轮到另一个。

另一个异类叫王毛仲。他是高丽人，也是唐玄宗当王子时府上的家奴，由于粉碎太平公主集团有功，成了玄宗皇帝禁卫军的首领。后来又由于治军有方，竟被授予开府仪同三司的荣衔，与姚崇和宋璟的政治待遇相同。

那时的王毛仲真可谓备受恩宠。就连他嫁女儿，皇帝陛下都要亲自过问，问他有什么事情需要帮忙。

王毛仲说：万事齐备，只欠宾客。

唐玄宗问：张说之流，岂不是一叫就到吗？

王毛仲答：也有请不到的。

唐玄宗笑：你说的是宋璟吧？朕来请他。

第二天，宋璟果然到场，尽管只喝了半杯酒。[43]

王毛仲却赚足了面子。

小人得志便猖狂，王毛仲也不例外。他目空一切，尤其看不起宦官。也许在他看来，宦官男不男女不女，根本就不能算人，又岂能与他这大将军相提并论，平起平坐？

结果，王毛仲栽在了宦官手里。

开元十八年（730）某日，王毛仲生了儿子。唐玄宗派高力士前往祝贺，并且封那婴儿五品官衔。力士回宫后，皇帝陛下兴致勃勃地问：怎么样？毛仲很高兴吧？

高力士答：王毛仲说，这样的孩子不够三品吗？

玄宗大怒。

其实，王毛仲此言是要羞辱高力士，也是发泄对宦官受宠的不满，因为高力士的官阶正是三品。所以，他要把孩子抱出来给高力士看，意思是我这身体健全的儿子才五品，你这个连命根子都没了的家伙又凭什么三品？

唐玄宗却理解为王毛仲泄愤，因为不久前王毛仲索要兵部尚书的职位被皇帝拒绝。于是高力士趁机说：北门奴才气焰太盛，又早就结成了团伙，恐怕不是长久之计。

北门就是玄武门，那可是经常发生政变的地方。唐玄宗将王毛仲等家奴安排为北门禁军的将领，就是要让他们当看门狗。但是，走狗如果对主人呲牙咧嘴，则非杀不可。于是皇帝在剥夺了王毛仲的兵权之后，又将他赐死。[44]

张说却很乖巧。他在被免去中书令职务十个月后，就以尚书省副长官（尚书右丞相）的身份退休，专心致志从事学术研究，成果有《大衍历》和《开元礼》等等。宋璟也远离了是非中心，退休住在洛阳。他们两人都寿终正寝。

朝廷也变得安静起来。

实际上张说罢相之后，朝堂之上就乏善可陈。这固然因为人才难得，同时也因为玄宗厌恶党争。因此他宁肯宰相的能力差一些，威望低一点，也不能让他们成了气候。

可惜树欲静而风不止，斗争与否也无关乎能力。此后多年，宰相班子就像走马灯，却没有一个是团结的。皇帝按下葫芦起了瓢，不胜其烦。直到开元二十一年（733）三月，中书令萧嵩推荐韩休搭班子，大家才觉得可以松一口气。

然而他们又错了。

萧嵩其实并不了解韩休。他推荐韩休，只不过认为韩休为人柔和，却没想到此人外柔内刚。当时，玄宗皇帝要流放一个县尉，新任宰相韩休却说：该犯并非大奸大恶，陛下应该抓大放小。金吾大将军某某贪赃枉法，民怨沸腾，问题更为严重。臣请先处分某将军，再处分那个县尉。

玄宗不同意。

韩休说：陛下只拍苍蝇不打老虎，臣不敢奉诏。

玄宗只好同意。

这件事让所有人对韩休都刮目相看，就连退居二线的宋璟都说：没想到韩休竟能如此，这是仁者之勇啊！[45]

玄宗也对韩休肃然起敬，甚至忌惮。据说，皇帝只要稍微放纵一下自己，就会左顾右盼说：韩休知道吗？更为夸张的说法是：话音刚落，韩休的意见书就送达了御前。

不能随心所欲的皇帝只好对着镜子叹气。

身边人说：自从韩休拜相，陛下就瘦了许多，也没有过过一天舒心的日子，为什么不罢免他？

玄宗说：朕是瘦了，百姓可就胖了。萧嵩顺着朕，可是退朝之后朕睡不着。韩休虽然喜欢顶撞，可是朕睡得香。朕用韩休，不是为了自己，是为了江山社稷啊！[46]

这时的唐玄宗，还真不糊涂。

萧嵩却忍无可忍。他实在受不了韩休这刺儿头，也受不了他在朝堂上的得理不饶人，于是向皇帝申请退休。

玄宗说：朕又没烦你，为什么要走？

萧嵩说：现在走人，还来得及。等到陛下烦了，臣恐怕连脑袋都保不住。说完，泪流满面。

玄宗皇帝明白了。他的办法跟以前一样：宰相不和就同时罢免。于是，萧嵩改任尚书省的副长官，韩休则改任工部尚书。新宰相一个是京兆尹裴耀卿，任门下省副长官；还有一个则是张说的接班人张九龄，任中书省副长官。[47]

新的一幕也即将开始，虽然需要前奏。

第二章

潜在危机

几乎谁都没有想到，
当杨贵妃梳着玉环髻，
穿着尖头小皮靴，
跳起霓裳羽衣舞时，
金玉其外的帝国已是岌岌可危。

张九龄碰壁

张九龄是在居丧期间接到任命的。

这是莫大的信任和恩典。因为帝国以孝治天下，除非万不得已，官员在居丧期间都必须守在灵前。然而张九龄请求服丧期满以后再来就职，却被玄宗拒绝。非但如此，皇帝还在张九龄到京五个月后，将他和裴耀卿分别提拔为中书令和门下侍中，建立起两省长官同时在位的宰相班子。

张九龄感恩戴德，决心以忠诚报效陛下。

玄宗皇帝也很满意。没错，创作了“海上生明月，天涯共此时”名句的张九龄是有名的才子，十三岁就写得一手好文章，参加科举考试也一举进士及第，就连文坛领袖张说对他都赞不绝口。他的风度更是堪称玉树临风，以至于玄宗皇帝每次选拔人才都要问上一句：像张九龄吗？[1]

裴耀卿也不简单。长期困扰帝国的粮食问题，就是他担任转运使期间解决的，据说三年之中积粮七百万石，节省运费三十万贯。有人建议他将这一成绩上报朝廷，裴耀卿却回答说：这原本就是公家的钱，怎么能用来沽名钓誉？[2]

很好！张九龄有道德文章，裴耀卿有管理能力，取长补短相得益彰，又没有个人恩怨，岂非最佳搭档？

可惜谁都没有想到，这又是一个短命的班子。开元二十四年（736）十一月，裴耀卿和张九龄被同时罢免，分别改任尚书省副长官左右丞相。这时，他们担任侍中和中书令才两年半，从“同中书门下平章事”算起也只有三年。

一般认为，这是因为李林甫使坏。

以“奸相”之名载入史册的李林甫，是在张九龄和裴耀卿被任命为两省长官的同时，担任礼部尚书、同中书门下平章事的。论职权，他并不能与那两位当然宰相分庭抗礼。论出身，作为皇室远亲而进入官场的他，也与大多数科举官员不同。但是，李林甫乖巧，懂得在张九龄面前装弱智，唐玄宗面前抖机灵，结果君臣二人都被他蒙蔽，放松了警惕。

其实李林甫并非等闲之辈。正如当年提醒张说防范宇文融的是张九龄，跟宇文融一起联名弹劾张说的监察部副部长也正是李林甫。可以说，李林甫继承了宇文融的衣钵，就像张九龄在某种意义上是张说的传人。

只不过，李林甫更狡猾，张九龄更迂腐。

迂腐表现在张九龄刚刚任同中书门下平章事，就提出放弃国家对货币发行的垄断，允许民间铸造铜钱。这个书生气十足的提案立即遭到裴耀卿等人的强烈反对，结果当然是胎死腹中，反倒将张九龄的不切实际暴露无遗。

接下来又发生了一个案子。

案子倒也简单。有两个人谋杀了一位监察官员，原因是他们认为该官员应该对自己父亲的冤死负责。这样的血亲复仇有着悠久的传统，也被民间视为正当。因为杀父之仇和夺妻之恨都是非报不可的，否则就不是男子汉。何况帝国既然以孝治天下，就没有判处孝子死刑的道理。

因此，张九龄主张免于追究。

裴耀卿和李林甫则认为王法无情，玄宗皇帝也认为此例决不可开。他在敕书中说：国家制定法律，原本就是要禁止谋杀。如果每个人都可以私下复仇，请问天底下又有谁不是孝子？如此仇怨相报，恶性循环，又何时是个尽头？于是玄宗皇帝下令将那二人杖杀，结果舆论哗然。民间人士集资安葬了那两位孝子，表示哀悼的诗文也传遍朝野。[3]

很难说此事对张九龄的仕途影响如何，但他与玄宗理念不同应该已是不争的事实。事实上就在一两个月前，张九龄便因为一项任命跟皇帝陛下大起冲突。

事情也很简单。有一位将领打败了契丹，并将契丹王的头颅传送京城，让皇帝郁积多年的闷气一扫而空。因此按照李唐王朝出将入相的惯例，玄宗提出任命此人为宰相。

张九龄却说：宰相职位不是用来做奖品的。

唐玄宗说：给个名义，不管政务，行不？

张九龄说：名义也不能随便乱给。刚刚打败了契丹就要当宰相，将来消灭了突厥又赏他什么？

唐玄宗被呛得半天说不出话来。[4]

过了一年多，张九龄与唐玄宗又起冲突，原因仍然是官员的任命。这次皇帝要奖励的是河西节度使牛仙客，因为他节约开支，勤于政事，让防区之内兵强马壮气象一新。玄宗正需要这样的人才，所以提出给他加封尚书的头衔。

张九龄照例反对。

其实张九龄与牛仙客并无个人恩怨，反对的原因也仅仅由于在他看来，宰相和尚书应该是像他这样的士大夫，而不该是长期在地方上工作的基层干部，更不该是军人。因此他极其傲慢地说：牛仙客当了尚书，朝廷会因之蒙羞。

玄宗只好让步：封个爵位总可以吧？

张九龄说：那也不行。爵位是用来奖励功臣的。牛仙客只是做好了本职工作，哪有功劳可言？陛下如果一定要予以嘉奖，多赏些金银财宝就可以了。

皇帝终于忍无可忍，勃然变色说：天底下，难道什么事情都得由你说了才算吗?

张九龄跪倒在地说：臣愚蠢，不敢不实话实说。

玄宗皇帝一声冷笑：你口口声声讲资格，嫌牛仙客出身卑微上不了台面。那么请问，你自己又是什么门第?

张九龄说：牛仙客生于中原，是华夏正宗，确非臣这岭南边鄙野人可比。但，臣在朝廷毕竟任职多年，牛仙客却是边境小吏，胸无点墨，又岂能担当重任?

玄宗皇帝恨得牙齿发痒。[5]

实际上这次皇帝发怒是有原因的。此前，为了从洛阳还都长安，他就跟张九龄闹得很不愉快。玄宗希望尽快，张九龄却坚持等到入冬，理由是当时正值秋收。这件事最后是靠李林甫解决的。李林甫私下里对皇帝说：长安和洛阳不过是陛下的西宫和东宫，想住就住，挑什么日子?

封赏牛仙客的事也如愿以偿。这同样因为李林甫私下里对皇帝说：只要有才干，何必一定要会写文章？何况用人乃天子之权。天子想用谁就用谁，用谁不是用？[6]

玄宗皇帝很高兴。

老天爷也似乎要帮李林甫的忙。离开洛阳那天，长安发生地震。玄宗趁机免去两京当年的赋税，又提拔奖赏沿途地方官员，赦免罪犯，于是一路听到的都是歌功颂德。

更凑巧的是，回到长安不久，洛阳也地震了。这就让玄宗认为，他和李林甫的决定是正确的。而且，按照“天人合一”的理念，地震意味着宰相不合格，应予罢免。[7]

张九龄却不知道自己危在旦夕，依然我行我素，结果由于为某个涉案官员辩护，而被认为是结党营私。更何况在废立太子的问题上，他也与玄宗意见相左，终于让皇帝下定决心搬走这块挡路的石头，将他和裴耀卿一起罢免。[8]

推波助澜的，当然又是李林甫。

实际上张九龄并无意于争权夺利，他甚至写了一首名为咏燕的诗送给李林甫。在诗中，张九龄以燕子的口气表明了自己的心迹：无心与物竞，鹰隼莫相猜。[9]

可惜，鹰隼并不会因为燕子与世无争就不下手。李林甫既然要大权独揽，就不会放过张九龄和裴耀卿。于是，并未与张九龄结党的裴耀卿，也只好成为城门失火之时被殃及的池鱼。据说，宣布任免决定时，两位前宰相悲愤难言，李林甫洋洋得意，旁观者则窃窃私语说：一雕挟两兔。[10]

是的，李林甫笑了，笑得又阴又冷。

李林甫擅权

李林甫笑眯眯地看着大家，比哭还难看。

这是开元二十四年（736）的年底。十一月，张九龄和裴耀卿同时被免，李林甫接替张九龄任中书令，牛仙客任工部尚书、同中书门下三品。裴耀卿留下的侍中职位空缺，宰相班子由三人变成两人，李林甫成为不折不扣的首相。

新首相的第一把火，是召来谏官训话。我们知道，朝廷设立谏官，原本职在提出不同意见。然而首相大人为他们树立的榜样，却是宫廷仪仗队里的立仗马。这些高高大大的骏马养得漂亮之极，任务则只是站在殿前一言不发。于是李林甫说：大家看见那些马了吗？可都是三品待遇。但如果乱叫一声，那就什么都没有了。如今圣上英明盖世，哪里用得着你们多嘴多舌？要不要作仗马之鸣，诸位自己看着办。

据说，朝堂之上便再无反对的声音。[11]

此事真伪难辨，因为李林甫在历史上被妖魔化了。后人甚至说，他的为人是甘言如蜜，腹中铸剑，由此产生了“口蜜腹剑”的成语。可惜李林甫的同僚，包括被他扳倒的张九龄和裴耀卿都没有这样说过，因此同样可疑。[12]

毋庸置疑的是，他担任宰相的时间最长。此前，宰相任职一般三年，最长的一个九年五个月。唯独李林甫，任职十九年，独裁十六年，堪称空前绝后。[13]

这不可能没有原因，也不可能没有道理。

原因一般被认为有两个，一是李林甫狡猾，二是唐玄宗糊涂。可惜这说不通。李林甫是否狡猾另当别论，但可以肯定唐玄宗并不糊涂。安史之乱时，已经成为太上皇并且避难成都的李隆基曾经与身边人评点历任宰相，数到李林甫时说了一句非常精准的话：此人的嫉贤妒能举世无双。

身边人问：既然如此，陛下为什么用他那么久？

李隆基默然。[14]

这一沉默往往被理解为玄宗自知理亏，或者证明他在李林甫时代已经变得昏庸，其实不然。因为这次谈话中，李隆基对宰相们的评论都很精准，甚至对宋璟评价不高。他的原话是：那个人的耿直，不过是沽名钓誉的手段罢了。

请问，头脑如此清楚，能说是昏庸吗？

结论也只有一个，那就是玄宗皇帝明明知道李林甫嫉贤妒能，也要用他，而且重用，正如他十分清楚宋璟未免“卖直以取名”之嫌，也仍然要委以要职一样。

实际上玄宗不愧为明主。他知道金无足赤，每个人都有优点和缺点，关键在于用得是不是地方，是不是时候。执政之初，要用善于变通的姚崇；拨乱反正，则要用依法治国的宋璟；建设国家，要用重视干部的张嘉贞；打造盛世，又要用文采斐然的张说。他这是因人而异，各取所长。[15]

那么，唐玄宗看上了李林甫的什么？

懂事，执行力也强。

李林甫确实懂事。他知道什么该说，什么不该说；也知道该怎么说，在什么时候说。这往往被视为奸滑。但如果换个角度，也可以说是懂规矩。规矩在中国古代政治生活中十分重要。懂不懂规矩，甚至也就是有没有政治素质，而李林甫在这方面简直具有天赋，这才大得皇帝欢心。

更重要的是，在历任宰相中，李林甫最能读懂唐玄宗的想法和心思。比方说，他深刻理解陛下关注边境战事，并不仅仅只是好大喜功和穷兵黩武，更是出于对整个国际环境的通盘考虑。他当然也知道强军必先富国。没有足够财政收入作为坚强后盾，是打不赢战争的。因此，他全力支持玄宗的决定并付诸行动，没有一丁点儿书生气。[16]

但，他决不胡来。

这一点，又是李林甫的难得之处——既能体察顺应皇帝的意志，又做得中规中矩，合理合法。正如现代历史学家所指出，李林甫是精明能干的行政官员，也是名副其实的制度专家。他比他的前任更关心国家机器的高效有序运转，并亲任工程师和程序员。由于他的改革，行政手续大为简化，执政成本大为降低，帝国和民众都减轻了负担。[17]

事实上李林甫在执政期间并非只是排除异己，更多的精力恐怕还是用在了制度建设方面。他会同一批法学家，对帝国的法典进行整理和修订。由此产生的《开元新格》和《唐六典》，则充分体现了他对法度的尊崇，对行政程序合理化的决心，以及对有条不紊工作方法的痴迷。在此后一个多世纪中，《唐六典》一直是最方便和最权威的行政法提要。

效果也是显著的。开元二十五年（737），刑部（公安部）按照李林甫修订的新法审理案件，结果当年天下的死刑犯只有五十八人。由于杀气不重，囚犯减少，乌鸦竟在监狱外面筑起了鸟巢，过去人满为患的大理寺（最高法院）变得安静祥和。这当然是仁政的表现，符合儒家的理想，李林甫和牛仙客便因此而被玄宗皇帝册封为国公。[18]

两位宰相也当之无愧。因为他们搭班子的六年，确实是帝国的安定时期。朝廷没有党争，人民安居乐业，市场一片

◎开元新格

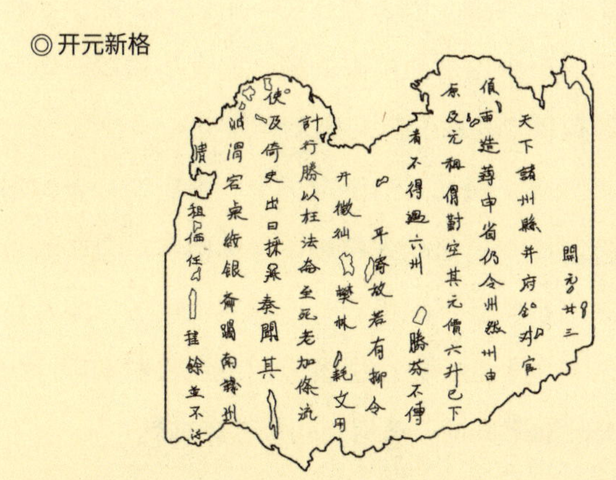

北图藏唐代《开元新格·卷三·户部》。

繁荣，国库日益充盈。天宝八载（749）二月，也就是李林甫担任首相十二年多以后，唐玄宗带领文武百官参观金银财宝堆积如山的库房，洋洋得意之情竟是溢于言表。[19]

太平盛世，也不过如此吧？

这当然并非一日之功，更非一人之功。但，大唐的极盛时期恰恰就在李林甫执政之日，难道仅仅是巧合？一个大权独揽十六年，进行了制度建设和政治改革的人，有可能只是在前人栽种的树下乘凉摘桃子的吗？

看来，唐玄宗并没有用错人。

可惜玄宗也没有替自己辩护的资本，因为李林甫必须为安史之乱的酿成负责。责任有间接的，也有直接的。比如玄宗皇帝晚年的骄奢淫逸、倦于朝政和不听忠言，即便不是李林甫有意怂恿，至少也是他推波助澜。但直接造成严重后果的最大错误，则是“以寒族胡人专大将之任”。

这是重大变革。正如《隋唐定局》一卷所说，大唐本是混血王朝，因此旗下不乏胡人将领，号称番将。但在太宗皇帝的时代，这些番将多半是贵族，比如突厥王子，或者铁勒酋长。他们也不是专任，只在重臣节制下任临时军职。战争结束，士兵留驻战略要地，番将则回京另谋高就。

李林甫当然不怕这个，他怕的是那些有权节制番将又军功显赫的边帅。按照大唐“出将入相”的传统和惯例，他们随时都有可能调回京城进入中枢。如果是牛仙客那样的倒也罢了，倘若来一个文武双全的，好日子可就算过完。

于是，李林甫在他担任首相的第十二年向玄宗皇帝提出动议，由寒族胡人担任边疆各大军区常任军事长官。他的理由是：文臣贪生怕死，贵族结党营私，都不能放心。胡人英勇善战，寒族孤立无援，相对安全可靠。当然，还有一句话他没说出来：既然是常任，就不会跟他争夺相位。[20]

唐玄宗没有片刻犹豫就同意了。这时，六十三岁的他已经当了三十多年皇帝，对于政治实在打不起精神。甚至早在六十岁那年，他就提出要将天下之事都交给李林甫，自己去修身养性，却被高力士劝阻。只不过，在打消了皇帝陛下这一念头之后，高力士也不敢再妄议朝政。[21]

结果是李林甫再次得逞。大家都没想到，这个决定会使帝国的边防军变成反政府武装力量——差一点就颠覆了王朝的安禄山也正是寒族胡人。当时，李林甫关心的只是如何巩固权势，唐玄宗则一门心思惦记着跟心爱的女人泡温泉。

没错，这个女人就是贵妃杨玉环。

杨玉环专宠

杨玉环成为唐玄宗的女人，是在骊山温泉宫。

六十六年后，诗人白居易根据民间传说和艺术想象追述了当时场景：春寒赐浴华清池，温泉水滑洗凝脂。侍儿扶起娇无力，始是新承恩泽时。呵呵，天生丽质的小女人被精力充沛的老皇帝折腾得站都站不起来。

这是开元二十八年（740）十月的故事，因此赐浴之日并非乍暖还寒时节。选在君王之侧的杨玉环也非“养在深闺人未识”，而是玄宗之子寿王李瑁（读如冒）的王妃。说得难听一点，就是李隆基霸占了自己的儿媳妇。[22]

如果较真，这是乱伦。

对于有着胡人血统的李唐皇族而言，乱伦并不算什么大不了的事。太宗皇帝就占有了弟媳妇，高宗皇帝则收编了父

◎华清宫

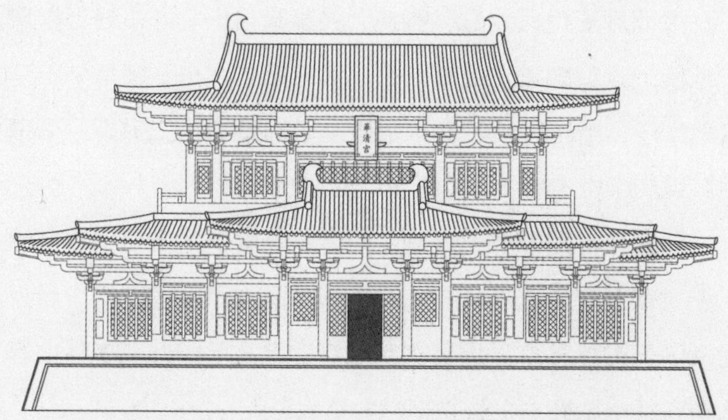

华清宫为唐代帝王游幸的别宫，位于今陕西西安临潼区。

◎华清池遗址

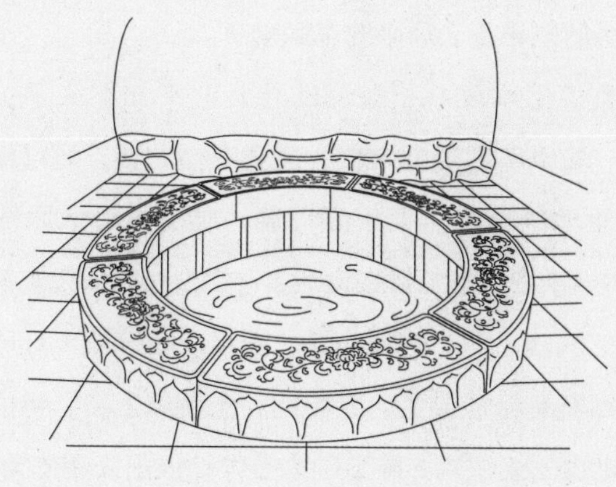

皇的女人武媚娘。不过，这两人纳娶的是寡妇，二十二岁的杨玉环却是现任王妃，这让寿王情何以堪。

然而寿王也只能忍气吞声，甚至暗自庆幸。实际上李瑁的处境一直很尴尬。他是玄宗和武惠妃的儿子，也是宁王李宪的养子。当年，由于武惠妃所生子女接二连三夭折，李瑁便被送到了宁王府中，由宁王的元妃抚养成人。

宁王和惠妃都非比寻常。前者是李隆基的大哥，玄宗的太子之位就是他让出来的，所以死后谥为“让皇帝”。后者是武则天的侄孙女，也是玄宗皇帝的宠妃。因此，李林甫等人便曾经一度极力主张立李瑁为皇太子。

可惜李林甫押错了宝，寿王的特殊身世反倒使他与储君之位无缘——不少人视武氏家族为李唐仇敌，唐玄宗也不愿意宁王系统过于得势。最后，根据高力士的建议，被立为太子的是当时的忠王、后来的肃宗李亨。

对此，原本无意于东宫的寿王似乎并不在意。他没想到的是，父皇不但夺他之位，还要夺他之妻，而且原因居然还是怀念他的母亲。据正史记载，寿王之母武惠妃在开元二十五年（737）十二月去世后，玄宗皇帝就闷闷不乐。尤其是冬天驾临骊山时，睹物伤情，更是郁郁寡欢。环顾左右，三千佳丽竟是粉色如土。直到高力士揣摩上意，将杨玉环从寿王府邸接到温泉宫，陛下的脸上才绽放出久违的笑容。[23]

怀念一个女人，就让她的儿媳来顶替，真不知道这是什么逻辑。同样，一个皇帝，贵为天子，富有四海，要什么有什么，却偏要跟儿子抢女人，也不知是何道理！

大约只能说，有权就是任性。

不过，任性的皇帝也不得不遮人耳目。他在骊山偷情的两个月后，也就是开元二十九年（741）正月初二，下敕昭告天下，宣称为了成全杨玉环对已故太后的孝心，批准她自愿度为女道士。而且，一本正经地，道号太真。[24]

◎剃度图

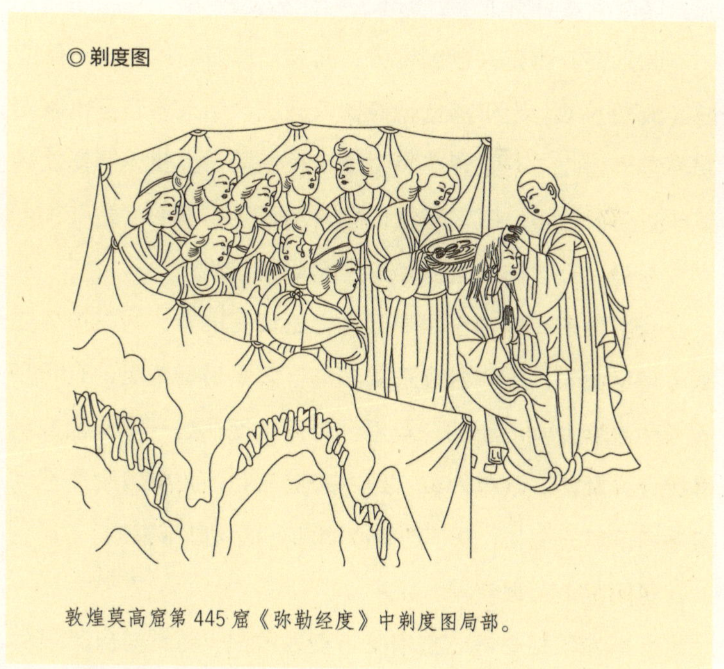

敦煌莫高窟第445窟《弥勒经度》中剃度图局部。

放完这个烟幕弹，两人就兴高采烈泡温泉去了，时间竟是在当月。当年十月，第三次幽会骊山之后，女道士杨玉环干脆大模大样住进了兴庆宫，饮食起居仪同皇后。宫中则按照民间对家庭主妇的称谓，管她叫“娘子”。[25]

想当时两人一定情投意合如胶似漆。因为就在第二年正月初一，唐玄宗宣布改元天宝。与皇祖母武则天相反，玄宗并不喜欢改元。他在位四十四年，改元只有三次。第一次是公元712年登基，改元先天。第二次是713年亲政，改元开元。这个年号沿用了近三十年，为什么要改呢？

因为开元就是开创新纪元，而玄宗皇帝自认为这一伟业已经大功告成。太平盛世就该普天同庆，伟大的君王也该安享晚年。因此，不但要在骊山修建长生殿，也要尽情享受杨玉环的温柔性感，那可真是上天赐给他的宝贝啊！

没错。云想衣裳花想容，岂非倾国倾城？[26]

众所周知，这是李白专门为杨玉环写的诗，共三首，总题《清平调》，由著名音乐家李龟年谱曲演奏传唱，时间在杨玉环被度为女道士的三年后。而且也就在这一年，唐玄宗再次花样翻新，改年为载，是为天宝三载。此事虽然并不可能是杨玉环的主张，陛下的好心情却无疑是她带来的。

更何况，当时年景也好。

好年景和好心情让玄宗皇帝极为放松，更觉得自己跟女道士杨玉环的关系真是神仙眷侣。他们俩去骊山的次数越来越频繁，即便在长安也其实是公开同居。这才有了李白那三首流传千古的诗，以及各种未必靠谱的故事传说。

事已至此，就没有必要遮遮掩掩了。天宝四载（745）八月初六，刚刚过完六十一岁生日的唐玄宗，正式册封二十七岁的杨玉环为贵妃。当时宫中并无皇后，贵妃实际上是六宫之主。四年多的陈仓暗度，终于修成正果。

寿王悬着的心也放了下来。十天前，玄宗已经为他另选王妃，不用再担心与武惠妃、宁王和杨玉环的瓜葛，只需要一心一意做皇帝陛下的孝顺儿子就行了。

如此结局，似乎倒也皆大欢喜。

出人意料的是，杨玉环成为贵妃以后，反倒跟李隆基闹起别扭来，以至于两次被逐出皇宫，一次在天宝五载（746）七月，还有一次在天宝九载（750）二月。两次出宫，虽然都以戏剧性的转折收场，传递出的信息却耐人寻味。

杨玉环不是武则天，闹别扭肯定与政治无关，原因多半应该是争风吃醋。当然，也有人说是她移情别恋，对象则是宁王李宪。唐人张祜的诗就说：日映宫城雾半开，太真帘下畏人猜。黄翻绰指向西树，不信宁哥回马来。[27]

这恐怕是艺术想象。因为宁王早在开元二十九年（741）十一月就已去世，岂能在四年半以后闹出风波？至于说玄宗

◎簪花仕女图

此图旧传为唐代画家周昉所绘，绢本设色，重彩。用笔朴实，气韵古雅，现藏辽宁省博物馆。画中描绘了几位衣着艳丽的贵族妇女，在春夏之交赏花游园的情景，展示了仕女们在庭园中的闲适生活。

与宁王在天宝九载（750）二月开音乐会，贵妃趁机偷吹宁王玉笛，惹得玄宗大怒，当然也更不靠谱。[28]

比较靠谱的是玄宗风流成性，在天宝五载（746）派出所谓“花鸟使”到民间搜访美女；后来又拈花惹草，在天宝九载（750）与贵妃的姐姐虢国夫人不清不楚。杨玉环无法接受，与唐玄宗发生冲突，而且出言不逊，于是被遣送到哥哥府中。[29]

结果是两个人都受不了。第一次，杨贵妃刚出宫，唐玄宗就茶饭不思，乱发脾气，直到善于揣摩上意的高力士将贵妃接回宫中才恢复正常。第二次则是杨玉环痛不欲生。她割下一缕青丝对使者说：臣妾的荣华都是圣上所赐，唯有身体受之父母。永别之日，愿以此酬谢陛下恩宠。

唐玄宗看见杨贵妃的头发，大惊失色，急忙派高力士将她召回。如此这般过家家似的闹过两回以后，皇帝似乎不再花心，贵妃也似乎不再任性。他们甚至在天宝十载（751）七夕节立下海誓山盟。正所谓：七月七日长生殿，夜半无人私语时。在天愿作比翼鸟，在地愿为连理枝。[30]

结果是什么呢？

从此君王不早朝。

这里说的，当然不是元旦和冬至的大朝会，也不是每月初一十五的朔望朝，而是每天或隔日一次的御前会议，也就是常朝。这其实是件苦差事，因为天不亮就要起床，而且弄不好一开就是好几个小时，皇帝和官员都很辛苦。[31]

所以，玄宗不再早朝，倒是让不少人松一口气。李林甫更是暗自庆幸，他正希望陛下泡在温柔乡里，专注于修身养性和卿卿我我，陶醉于《霓裳羽衣曲》呢！要知道，那乐曲是玄宗糅合印度和中原音乐创作，又由杨贵妃改编为舞蹈，并由陛下本人亲任鼓手，堪称帝国“第一乐舞”的。[32]

可惜，李隆基这位音乐家皇帝并不知道，当他心爱的女人梳着玉环髻，穿着尖头小皮靴翩然起舞时，金玉其外的帝国已是岌岌可危。他当然也不会想到，后来害得杨玉环死于非命的，正是贵妃娘娘的干儿子安禄山。

安禄山进京

第一次见到皇帝时，安禄山气都透不过来。

后来改写了大唐历史，也改变了唐玄宗和杨贵妃命运的安禄山，原本是个卑微的胡人，而且是混血儿——生父康某是粟特人，母亲阿史德则是突厥巫婆。她这个儿子由于是向战神轧荦山（荦读如落）祈祷所得，所以叫禄山（轧荦山的汉译）。又由于母亲改嫁突厥将军安延偃，所以姓安。[33]

混血的安禄山长得雄伟而白皙，年轻时很可能相当帅气和漂亮。他的邻居小伙伴史思明（本名阿史那窣干，窣读如卒）虽然也是突厥混血儿，却其貌不扬。不过，两个小伙子都非常聪明，通晓多种民族语言，曾经在大唐与突厥的边境贸易活动中充当掮客。当然，如果有机会，他们也不在乎干些偷鸡摸狗和顺手牵羊的勾当，直到因盗窃而被捕。

决定他们生死的，是幽州节度使张守珪（读如归）。

节度使是唐代的地方军政长官，相当于军区司令。受命之时，朝廷要赐以双旌双节，表示有权节制调度。安禄山和史思明落到节度使手里，几乎只有死路一条。依法，像他们这样在作案现场被捉拿的盗匪应该用乱棍打死。

张守珪却把安禄山和史思明放了。因为他发现这伙毛贼虽然为非作歹，却也身强力壮，聪慧矫健，说不定是他镇守边疆克敌制胜的可用之才。于是，三十岁的安禄山和史思明成为张守珪帐下的“捉生将”（敢死队员），靠着对地形地貌的熟悉和心狠手辣胆大妄为，为张守珪屡建战功。

安禄山，也被张守珪收为养子。

可惜那时的他还是年轻气盛，结果在一场战争中由于轻敌而导致全军覆没，张守珪也只好将其押解到京。玄宗皇帝却一看就明白了。将在外，不由帅。原本有着节制调度之权的张守珪，之所以没把这个败军之将就地正法，其实是舍不得，也是要把这个人情留给自己做。因此，尽管当时的中书令张九龄力主将其斩首示众，玄宗却决定法外施恩。

捡回一条性命的安禄山长了记性，他的人生也从此芝麻开花。后来，张守珪获罪贬官，安禄山却步步高升，并于天宝二年（743）正月第一次见到了皇帝陛下。

这时，他的官职已是平卢节度使。

在营州柳城（今辽宁朝阳）长大的安禄山，万万没有想到帝国的首都是如此气势恢宏一片繁荣。他当然也没有想到，至尊天子是那样令人敬畏。因此，当他气喘吁吁走完殿前的台阶，并一头跪倒在地时，脑子里竟是一片空白。

不过，安禄山很快就进入了角色。他对皇帝说：去年我们营州闹蝗灾，臣焚香祈祷禀告上天：如果臣心术不正，就让蝗虫把臣的心吃了；如果体谅臣一片忠心，就让蝗虫离开营州。结果，北方飞来一群鸟，把蝗虫吃得精光。[34]

这当然是胡编乱造，玄宗听了却很受用。这就让安禄山摸准了帝国的脉。同时他也清楚，无论自己官位多高，在大唐那些王公贵族眼里仍然是土包子，是尚未开化的戎狄和粗俗不堪的武夫。但，唯其如此，皇帝才会放心地把权力交给自己，就连嫉贤妒能的宰相李林甫也不设防。

安禄山决定将装傻卖萌进行到底。

天宝六载（747）正月，安禄山又一次觐见皇帝。这年他四十五岁，身体早已发福，据说光是肚子就重三百斤，然而跳起胡旋舞来却转动如陀螺。唐玄宗忍俊不禁，不由得半开玩笑地问：你这杂胡，肚子这么大，里面都装些什么？

安禄山一本正经地回答：全是赤胆忠心。

玄宗很高兴，让他见过太子。

安禄山却问：太子是什么官？

玄宗说：太子就是储君，朕百年之后的天下之主。

安禄山犹豫片刻，然后一脸真诚和无辜地跪下来说：我们胡人愚蠢，不懂中华礼仪。因此，长期以来，臣只知道有陛下，不知道有太子，真是该死，罪该万死！

毫无疑问，这是装疯卖傻。要知道，这时的安禄山已经兼任御史大夫，怎么可能连太子都不知道？恰恰相反，他太知道皇帝和宰相对太子李亨的态度，也很清楚玄宗最怕的是朝臣和边将与太子结党。因此，这不过是他自编自导自演的一台戏，要说的台词也只有一句：臣只知有陛下。

结果，太子很尴尬，皇帝很放心。

安禄山却得寸进尺，提出要认杨贵妃为干妈。这当然马上就得到了批准。以后每次进宫，他都是先拜贵妃，然后才拜皇帝。玄宗问：你这家伙如此这般，是何道理？

安禄山答：胡人都是先敬母亲，后敬父亲。

说这话时，也照样憨态可掬。[35]

尽管谁都看得出，安禄山这是政治投机，杨玉环却不但欣然接受，还把事情越闹越大。天宝十载（751）正月，安禄山四十九岁生日第三天，三十三岁的贵妃娘娘亲自主持了洗儿礼。宫女们把安禄山像婴儿一样扔进华清池洗刷，然后用巨大的襁褓包起来，用彩车抬着招摇过市，大肆张扬。

从此，安禄山被宫中呼为“禄儿”。[36]

◎安禄山与杨玉环年表

公元	年号	月份	事件
740	开元二十八年	不详	安禄山任平卢兵马使
		十月	杨玉环与唐玄宗第一次幽会
741	开元二十九年	正月	杨玉环被度为女道士
		八月	安禄山任营州都督
742	天宝元年	正月	安禄山任平卢节度使
743	天宝二年	正月	安禄山第一次到长安面圣
744	天宝三载	三月	安禄山兼范阳节度使
745	天宝四载	八月	杨玉环被册封为贵妃
746	天宝五载	七月	第一次出宫事件
747	天宝六载	正月	安禄山兼御史大夫
			杨玉环收安禄山为养子
748	天宝七载	六月	赐安禄山丹书铁券
750	天宝九载	二月	第二次出宫事件
		五月	册封安禄山为东平郡王
751	天宝十载	正月	杨玉环为安禄山行洗儿礼
		二月	安禄山兼河东节度使
		七月	唐玄宗与杨玉环海誓山盟
755	天宝十四载	十一月	安禄山反
756	天宝十五载	六月	杨玉环死

很难猜出杨玉环当时的心情和想法，然而上一页的年表却表明，她和安禄山之间似乎有着某种命定前缘。他们几乎在同一年登上历史舞台，又几乎同步地得到玄宗的宠爱，尽管最后要分道扬镳。那么，当安禄山提出认这个比自己小了十六岁的女人为干妈时，她会不会心中一动呢？

不知。也许，这不过是游戏。

玄宗皇帝的恩宠却有着政治考量。由于继承北周宇文泰的关中本位政策，唐帝国的军事重心一直偏于西北。吐蕃的崛起和大食（阿拉伯帝国）的东进，更是使他们无暇顾及华北和东北，尽管契丹和奚人也在骚扰帝国边境。这时，最好的选择便是找到一个称心如意的代理人，帮皇帝陛下和中央政府看守好被称为“河朔”的黄河以北地区。

安禄山，就是这样一条看门狗。

表面上看，这个人选是合适的。我们知道，魏晋南北朝以来，河朔就一直是胡汉杂居之地，不但民风彪悍，而且情况复杂。朝廷派去的使臣，常常被当地人欺负或驱逐，就连张守珪这样的大将也感到头疼。安禄山却不同。他比胡人还要胡人，比土匪还要土匪，还怕摆不平那些混混？

何况安禄山又是忠诚的，至少曾经忠诚。玄宗皇帝甚至想不出他不忠诚的可能性和理由——安禄山没有强大的部落势力作为资本，自己反倒是他的再生父母和救命恩人。

安禄山也没有让皇帝失望。他总是不断送来对契丹和奚人作战的捷报，尽管这些战争其实也有一些是他为了军功而挑起的。但不管怎么说，这个番将每次进京都会献上大量的战利品，这就等于实实在在地证明了河朔地区的安宁。

于是，安禄山的地位越来越高，权力也越来越大。也就在被杨玉环扔进华清池洗过以后一个月，他成为平卢、范阳以及河东三镇的节度使。平卢节度区治所营州，在今辽宁省朝阳市；范阳节度区治所幽州，在今北京市；河东节度区治所太原府，在今山西省太原市。这真是好大的地盘。

◎安禄山所辖三镇

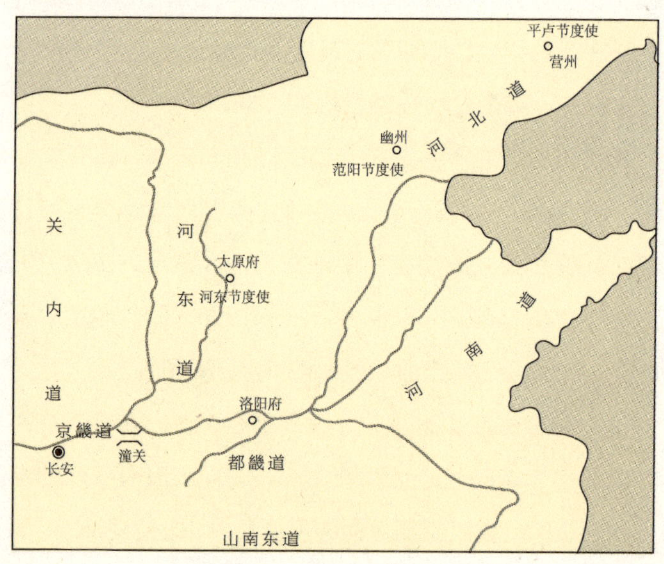

至于三镇的兵力，加起来近二十万，占全国边防军的百分之四十，是中央军的两倍有余。

呵呵，谁还能说安禄山没有谋反的资本？

就算过去没有，现在也有了。

但，有资本谋反，并不等于一定要反。因此，也有人说是被逼出来的。而且这个逼反安禄山的人，竟然就是他名义上的干舅舅、杨贵妃的哥哥杨国忠。[37]

杨国忠惹事

杨国忠这个名字，是唐玄宗赐给他的。他是杨玉环的远房堂兄（共曾祖父），本名杨钊。父亲是个小官，母亲是武则天男宠张易之的妹妹，自己则是酒鬼、赌棍和色狼，据说跟杨玉环的姐姐（后来的虢国夫人）关系暧昧。这个家伙出身既卑微，品行又不佳，临近不惑之年也没能混出名堂，只好娶了个从良的妓女，凑凑合合在成都过日子。[38]

谁都没想到，此人也会时来运转。

不过，杨国忠的咸鱼翻身和飞黄腾达，倒不完全是沾了杨家姐妹的光。他最早引起玄宗注意，其实是靠了自己的拿手好戏——赌博。当时，宫中流行一种名叫樗蒲（读如初葡）的游戏。玄宗自认为天下无敌，国忠更是精于此道，结果两人棋逢对手，让皇帝陛下龙颜大悦。

当然，杨国忠能够进宫，是靠了杨家姐妹的推荐。

玄宗皇帝却看出杨国忠是理财的好手，便任命他担任了户部（财政部）的官员。以后，此人虽然一路攀升，兼职也非常之多，为帝国理财却始终是他的主要任务。

事实证明，杨国忠比他的前任宇文融、裴耀卿等人更加能干也更有办法。他甚至一劳永逸地解决了中央库藏不足的问题，让好大喜功和挥霍无度的皇帝可以大手大脚。满心欢喜之余，唐玄宗应其请求赐名国忠，意思是国之忠臣。

这时，就连李林甫也奈何不得了。

李林甫与杨国忠的关系，经历了一个从狼狈为奸到反目为仇的过程，变化的原因当然是杨国忠的权力和野心都越来越大，势必与李林甫一决雌雄。天宝九载（750）四月，杨国忠折其左膀，御史大夫宋浑被判流放。两年之后，杨国忠又断其右臂，户部侍郎王鉷（读如洪）被赐自尽。最后，当李林甫抓住机会绝地反击时，老天爷叫走了他。

据说，李林甫临终前，杨国忠曾前往相府探望，诚惶诚恐拜于床下。一生嫉贤妒能排斥异己的李林甫，则泪流满面地托以后事。但这些都是不管用的。这位盘踞相位十九年的老政客尸骨未寒，就被杨国忠诬以谋反。玄宗皇帝也翻脸不认人，下令打开棺材，夺走了所有的陪葬品。[39]

当然，杨国忠也如愿以偿，成为首相。

安禄山却不干了。

节度三镇爵封郡王的安禄山，一生只怕一个人，那就是李林甫。而且，他对李林甫是由衷地畏惧和敬佩，心悦诚服地自认为不是对手，以至于每次线人从长安归来，他问的第一句话都是：十郎（李林甫）怎么说我？

所以，李林甫在位时，安禄山是不敢妄自尊大，更不敢轻举妄动的。在他眼里，李林甫才是帝国的顶梁柱，唐玄宗则不过是坐在屋顶看风景的老头子。尽管那风景确实“这边独好”，但没了李林甫，就会“落叶满长安”。

实际上，由于多次进京，安禄山早已将帝国的底细打探得一清二楚。那可真是金玉其外败絮其中。皇帝懒惰，官员欺瞒，中央军久违沙场，当权派纸醉金迷。本应用于通报政务军情的特快专递，送来的竟是贵妃娘娘的荔枝。就连杨国忠这种靠裙带关系上位的小混混，也居然成为首相。如此腐朽不堪的政权，还有存在的合理性吗？

安禄山嗤之以鼻。[40]

杨国忠也咬牙切齿。因为那个每次见到李林甫，即便在寒冬腊月也会汗流浃背的安禄山，居然根本就不把自己放在眼里。于是，杨国忠一有机会就说安禄山要谋反。他甚至对唐玄宗说，请陛下召安禄山进京，他肯定不敢来。

结果，安禄山一叫就来。

天宝十三载（754）正月初四，安禄山在华清宫最后一次见到了玄宗。他泣不成声地说：臣本胡人，不认识字，赖陛下恩宠才有今天，现在可是要死在杨国忠手上了。

玄宗的反应跟那些心肠柔软的慈祥老人没有两样。他看着安禄山好不容易才跪倒在地的肥胖身体，一把鼻涕一把泪的可怜模样，不禁有些心酸，便赏赐了一大笔钱，还准备给他增加特任宰相的头衔，只不过又被杨国忠阻止。

陛下觉得很抱歉。

◎猎骑胡俑

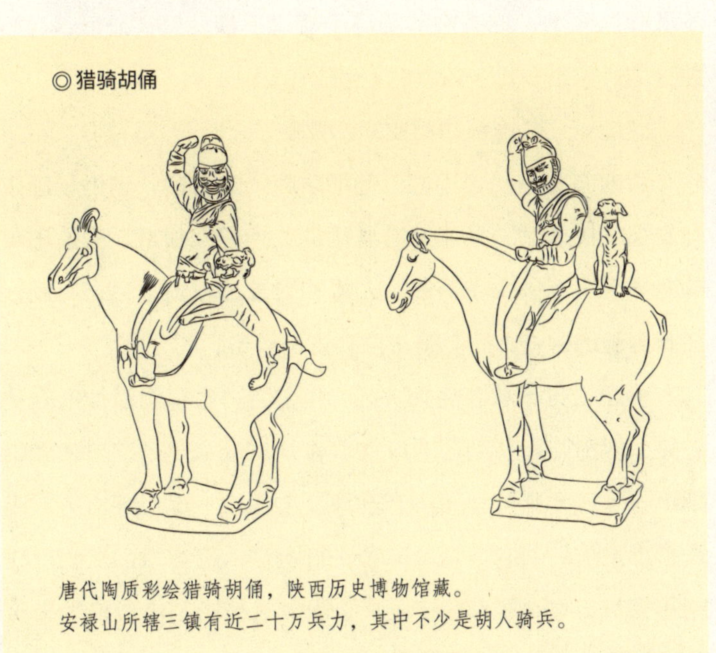

唐代陶质彩绘猎骑胡俑，陕西历史博物馆藏。
安禄山所辖三镇有近二十万兵力，其中不少是胡人骑兵。

安禄山却心中窃喜。远在范阳的他，对于“列席国务会议”之类的虚衔没有兴趣，皇帝的歉意却能换来实惠。这些实惠包括兼领闲厩、群牧和牧总监的职务，以及一大把空白委任状。靠着前者，他暗中挑选了数千匹好马藏起来；靠着后者，他收买了成百上千的边防军将士。

赚得满盆满罐的安禄山深知长安不可久留，便在三月一日向玄宗辞行。尽管临行前皇帝将御衣披在他身上，也尽管高力士奉命将他送出京城，安禄山仍然有如惊弓之鸟，丝毫不敢掉以轻心。他乘坐的船只十五里一换，昼夜兼程，日行数百里，差不多是一口气就赶回了范阳。

这时，几乎谁都知道安禄山要反了。[41]

只有唐玄宗执迷不悟。他把所有的迹象都归结为杨国忠与安禄山的矛盾，并认为这总比结党为好，却没想到这不和的两人，一个集中了行政、人事和财政的权力，另一个则是最有力量的边将，他们的对抗必将导致帝国的分裂。

杨国忠也不放弃努力。第二年二月，安禄山派他的副将进京，提出要把节度区的汉族将领换成胡人。杨国忠和他的副手一致认为这是安禄山意在谋反的铁证，皇帝却再一次满足了那家伙的要求。两位宰相只好提出，召安禄山入朝担任国务委员，同时将范阳、平卢、河东三镇的节度使换为忠诚可靠的汉人，这样就既保全了安禄山，也保全了帝国。

应该说，杨国忠的这个主意并不错。唐玄宗却在同意之后又反悔，派了一个宦官去范阳送礼。安禄山当然明白这是什么意思，便率领部下表演了一出出大表忠心的好戏。更重要的是，他让皇帝的这个家奴不虚此行，满载而归。

吃饱喝足钱包鼓鼓的宦官就像得了糖果的灶王爷，当真上天言好事。玄宗皇帝则对两位宰相说：安禄山的一片忠心毋庸置疑，朕还要靠他抵御外敌保卫北疆。现在，朕亲自为他作保，任何人都不得再以此类的妄言来烦朕。[42]

杨国忠只好自己去收集证据。他瞒着皇帝，秘密逮捕并杀害了安禄山的线人。安禄山当然马上就知道了。因为他留在长安的长子安庆宗，既是人质也是卧底。这时，满腔愤怒又惶恐不安的他，除了加快谋反步伐也别无选择。[43]

所谓“杨国忠逼反安禄山”，这是证据之一。[44]

现在已经无法准确判断，安禄山究竟是被逼反，还是被“催反”。但，此人与朝廷离心离德已毋庸置疑。他甚至在天宝十四载（755）七月提出一项奇怪的动议，要派二十二个番将率领六千射手入京，理由是献马三千匹。

这一次就连玄宗皇帝也感到蹊跷，他又派了一个宦官去范阳，邀请安禄山来华清池泡温泉。安禄山大大咧咧地坐在胡床上接见了来人。他说：圣上可好？马不献也罢。请你回去告诉陛下，我准定在十月份前往京师。

然后，就再也不予理睬。

使者夹着尾巴回到了长安，连装模作样谢恩的表章都没能带回一封。看来，这个宦官在范阳受尽委屈，以至于见到玄宗时竟心有余悸地说：奴才差一点就见不着大家。[45]

大家，是唐代宦官对皇帝的称呼。

安禄山也没有再去长安朝拜玄宗，而是在这年的十一月挥师南下，向当时世界上的三大帝国之一发起挑战。公开亮出的口号，则是诛杀祸国殃民的奸相杨国忠。

安史之乱终于爆发。

第三章
动乱始末

食量惊人的安禄山虽然肥胖，
跳起胡旋舞来却旋转如陀螺。
结果，当他在公元 755 年刮起旋风时，
差点就吹倒了帝国大厦。

渔阳鼙鼓

天宝十四载（755）十一月的华清宫，跟往年并没有太多不同。皇帝照例在十月份就来到骊山，跟他心爱的女人鸳鸯戏水。七十一岁的他对帝国的政务越来越没兴趣，反应也越来越迟钝，以至于安禄山起兵的情报传来时，他竟然只是草草看了一眼，就满不在乎地放在一边，然后笑呵呵地对杨玉环说：爱妃呀，又有人告你那个禄儿谋反了。[1]

贵妃娘娘大约也只是嫣然一笑。他们都没想到，那渔阳敲响的鼙鼓（鼙读如皮）竟会“惊破《霓裳羽衣曲》”。[2]

鼙鼓就是军中的小鼓，渔阳则是现在的天津蓟县（蓟读如纪），因县城在渔山之南而得名。玄宗一直认为，安禄山驻军此地，是为了替他看守帝国的北大门，对付那些不安分的契丹和奚族，哪想到这家伙竟会调转枪头呢？

实际上，安禄山早就利用“双料胡人”的身份，集结起自己的武装力量。核心当然是他的本族粟特。粟特跟当时的阿拉伯人一样，也是游牧商贸民族，只不过信仰波斯的琐罗亚斯德教。他们长期在大唐帝国各地经商，积累起来的财富则源源不断地流向柳城大本营，也流向安禄山的库房。

这并不奇怪。我们知道，安禄山的本名轧荦山在粟特语中就是光明，也是琐罗亚斯德教崇拜的光明之神。把神赐的财富献给神之子，靠商贸将散居的粟特人凝聚起来，都不是什么特别困难的事情，甚至顺理成章。[3]

兵马未动，粮草先行，安禄山长袖善舞。

财大气粗的安禄山甚至拥有一支八千人的敢死队，由契丹和奚族的战士组成，号称“曳落河”，意为壮士。至于他的亲兵部队，则全部是英勇善战以一当十的家奴。[4]

这些情况，唐玄宗和杨国忠都一无所知。要知道，就在安禄山回到范阳一个月后，他还上奏朝廷，声称俘虏了奚王李日越。他的敢死队，怎么会是契丹和奚族人？[5]

因为几乎所有人都被安禄山骗了。

没错，契丹和奚族曾经是帝国的边患，但他们早就不再与大唐为敌，只想安安生生在自己的地盘上过日子。安禄山却不肯消停。作为被唐玄宗信任、杨国忠猜忌的边将，他必须制造危机四伏的假象，也必须创造克敌制胜的战功。

结果是什么呢？是一起又一起的谋杀案。那些对安禄山充满信任的契丹和奚族部落酋长，毫无防范地被这家伙以请客吃饭为名诱杀，其部下则被安禄山收为养子。这些勇敢而单纯的人被告知，安禄山这样做，完全是奉朝廷之命不得已而为之，所有的账都应该向大唐清算。[6]

呵呵，军功就这样建立，仇恨就这样制造，对手就这样消灭，力量就这样壮大。安禄山一箭四雕。

◎安禄山进军路线图

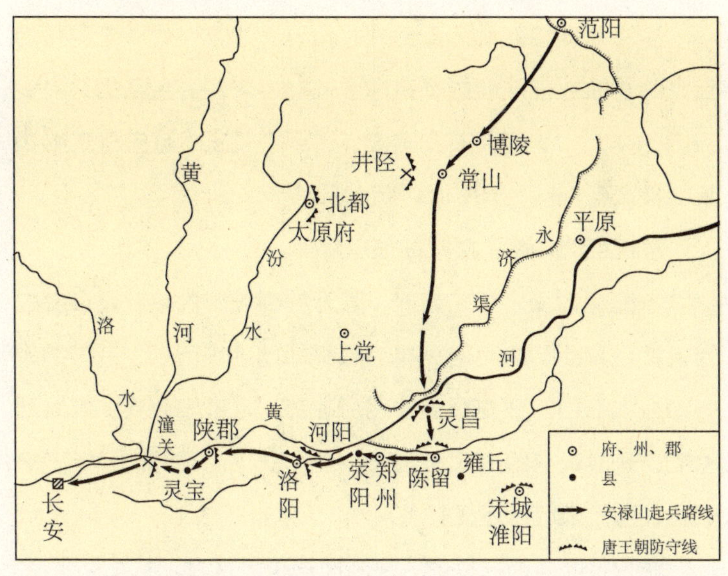

据许道勋、赵克尧著《唐玄宗传》第472页图所绘。

因此，当这个经纪商出身的节度使，决定以此为资本做一笔大买卖时，他很轻易地就组建起以通古斯系少数民族为主的多民族混编部队，号称二十万（实际十五万），以“剿灭国贼杨国忠”为名在华北地区举起叛旗。

这一天，是天宝十四载（755）十一月九日。[7]

叛乱是精心策划的。因为安禄山在范阳（今北京）誓师的第二天，北京（今山西太原）副留守就成了叛军的俘虏。可见这伙人是在按计划展开行动，包括让朝廷误以为他们要沿着当年李渊的路线，从太原直取关中。

唐玄宗却要到七天以后才相信这一事实，杨国忠更是为自己的判断被证实而扬扬得意。他对皇帝说：叛乱的只有安禄山一个人，其他人不会响应。过不了几天，这家伙的脑袋就会被送到行宫，兵不血刃而叛乱可平。

群臣面面相觑，玄宗却很以为然。[8]

不能说杨国忠全无道理，因为武则天时代徐敬业谋反的结果就是如此。然而这一次的情况却如下表所示，帝国的政府军根本抵挡不住安禄山的凌厉攻势。从范阳起兵，到洛阳沦陷，竟然只有短短三十四天。难怪安禄山会好奇：杨国忠的脑袋为什么迟迟还没有送来？[9]

作为替罪羊而被杀的，是高仙芝和封常清。

高丽族裔的高仙芝是帝国名将，也是大唐盛极而衰的亲

◎天宝十四载有关事件时间表

月	日	事件
十一月	九日	安禄山反于范阳
	十日	北京副留守被叛军俘虏
	十一日	消息传到华清宫，玄宗不信
	十五日	杨国忠宣称兵不血刃即可平叛
	十六日	封常清向玄宗夸下海口
	十九日	叛军攻陷博陵
	二十一日	玄宗回到长安，杀安禄山之子安庆宗
	二十二日	任命皇六子荣王李琬（读如碗）为元帅、名将高仙芝为副元帅，招募新兵讨贼
十二月	一日	高仙芝率军出征
	二日	叛军自灵昌渡过黄河
	五日	陈留失守
	七日	玄宗扬言御驾亲征
	八日	荥阳失守
	十二日	洛阳沦陷
	稍后	高仙芝、封常清退守潼关
	十六日	玄宗重提御驾亲征，留太子监国，被阻
	十八日	封常清、高仙芝被杀
次年正月	初一	安禄山在洛阳称帝，国号大燕

历者和见证人，他的故事以后还要讲到。封常清则是高仙芝一手培养和提拔起来的人，时任安西节度使。他对当时形势的估计跟杨国忠如出一辙，而且在皇帝面前夸下海口，声称将逆胡之首献于阙下，简直就指日可待。[10]

玄宗皇帝转忧为喜。他调兵遣将，在半个多月内设下三道防线。第一道，河南节度使张介然率军一万守陈留（今河南省开封市）；第二道，封常清作为新任范阳、平卢节度使守洛阳，就地募兵六万；第三道，高仙芝以兵马副元帅身份守陕郡（今河南省陕县），兵力五万。有此三道防线，又有两位亲密战友并肩作战，安禄山似乎不足为虑。[11]

然而高仙芝在十二月初一刚刚离开长安，初五那天陈留就失守了。奔赴洛阳的封常清也发现，那些临时招募的兵勇根本挡不住久经沙场训练有素的叛军。浴血奋战的封常清五战五败，力不能支，东都洛阳终于沦陷。[12]

屡战屡败的封常清只好西奔陕郡，高仙芝也采纳了他的建议退守潼关。这是正确的选择。因为陕郡无险可守，潼关则并无重兵。如果叛军拿下或绕过陕郡直取潼关，帝国的东大门就会被他们打开，首都长安就会危如累卵。

唐玄宗却把高仙芝和封常清杀了。

已经很难判断皇帝当时的心理，只知道封常清兵败之后三次派人报告战况，玄宗都拒不接见；自己想亲赴长安面陈利害方略，走到渭南也被挡回。相反，一个小人的谗言玄宗倒是全听进去了，尽管那家伙无德无能也不会打仗。[13]

小人叫边令诚，是皇帝派到高仙芝身边监军的宦官。监军制度古已有之，宦官监军却是唐玄宗的发明。没人知道他为什么会出此昏招，结果却不难想象：不懂军事的边令诚颐指气使，身经百战的高仙芝则嗤之以鼻。那个以皇帝为后台的家伙向高仙芝索贿，当然也不可能得到响应。[14]

边令诚怀恨在心，封常清的战败和高仙芝的转移则给了他打击报复的口实。洛阳沦陷六天之后，已经被免去职务的封常清又被边令诚奉玄宗之命斩于潼关军中。临刑前，封常清交出了早就写好的遗表，文中希望皇帝不要轻敌，盼望朝廷早日平叛。拳拳报国之心，可谓跃然纸上。

封常清被杀后，边令诚又奉命来杀高仙芝。高仙芝悲愤满腔地对边令诚说：遇敌而退，我死有余辜。但，以贪污军粮军饷为罪名，这是诬陷。上有天，下有地，三军将士个个都在，足下莫非真不知道我高仙芝有没有贪腐罪?

边令诚不回答。

高仙芝便对部下说：弟兄们，我把大家召来，原本是要杀敌报国建功立业的，现在却只想讨句公道话。如果我真的贪污了诸位的粮饷，就喊有罪；没有，请喊声冤枉。

结果，三军将士齐呼冤枉，吼声震地。[15]

此案影响长远。就唐代而言，它开启了宦官干政左右朝局的祸端。就历史而言，同样的错误明代还要再犯。这就不能不做出深刻检讨，但也只能留待将来。因为宦官之祸要到明代才登峰造极，才真正令人发指。

唐玄宗却一点都没发现错了。照理说，他应该知道临阵换将乃兵家大忌，何况被杀的还是既忠心耿耿又英勇善战的名将！他也应该知道，如果不是高仙芝采纳封常清的建议退守潼关，自己根本就不可能稳坐在长安。现在，大敌当前而长城自毁，他又靠谁去抵挡来势汹汹的安禄山？

皇帝想到了哥舒翰。

潼关保卫战

哥舒翰原本是杨国忠的一张牌。

跟安禄山、高仙芝一样，哥舒翰也是番将，只不过三人的族别不同：安禄山是粟特，高仙芝是高丽，哥舒翰则属于西突厥的分支突骑施，以部落名“哥舒”为氏。所以，哥舒翰讽刺安禄山是野狐狸，安禄山骂哥舒翰为突厥狗。安禄山及其族兄安思顺，跟哥舒翰是死对头。[16]

这就让杨国忠窃喜。他极力笼络哥舒翰，玄宗皇帝似乎也想在两个番将之间搞平衡。安禄山节制东北三镇，杨国忠就让哥舒翰节制西北；安禄山封东平郡王，哥舒翰就封西平郡王。那时，大唐帝国的西域美丽富饶，西平郡王的使者常常骑着白骆驼进京，日行五百里，真是好不威风。[17]

哥舒翰春风得意。

可惜，乐极生悲。洋洋得意的哥舒翰纵欲过度，结果在浴室中风，卧床不起，直到再次被皇帝召唤，接替高仙芝担任兵马副元帅。元帅荣王李琬（读如碗）去世后，又改称皇太子先锋兵马元帅。统领的部队，也号称二十万。

玄宗把潼关交给他了。

任命一个偏瘫病人为潼关保卫战的总指挥，无论如何都是匪夷所思的事情。更加匪夷所思的是，这个偏瘫病人竟然宝刀不老，旗开得胜。安禄山自称大燕皇帝十天后，也就是至德元载（756）正月十一日，哥舒翰便击退了进犯潼关的安禄山次子安庆绪，为惴惴不安的帝国打了一剂强心针。[18]

杨国忠却反目了。

这一回理亏的是哥舒翰。三月二日，一心要公报私仇的哥舒翰逼着皇帝处死了时任户部尚书的安思顺，罪名是私通安禄山。没有史料表明，安思顺是在什么时候由于什么原因得罪了哥舒翰，但可以肯定，包括皇帝在内，谁都知道这是哥舒翰制造的冤案，身为首相的杨国忠却不能营救。[19]

血案让一贯暗箭伤人的杨国忠感到恐惧。更让他想起来就害怕的是，拥兵二十万的哥舒翰，军衔前面还有“皇太子先锋”几个字；而太子李亨对杨氏家族的专横跋扈，则可谓痛恨已久。如果哥舒翰当真甘为太子先锋，与太子联合起来对付自己，甚至帮太子夺取天下，后果将不堪设想。[20]

杨国忠不能不防。

与此同时，军中反对杨国忠的声浪也越来越高。不少人都认为，安禄山的谋反和叛乱，就是杨国忠一手造成。只要杀了杨国忠，战争就会结束，自己也能回家过年。哥舒翰的得力干将、高丽人王思礼甚至提出，由他率领三十个骑兵将杨国忠劫持到潼关杀掉。哥舒翰当然不敢同意。他说：那样一来，谋反的就不是安禄山，而是我哥舒翰了。[21]

这些话很快就传到了杨国忠的耳朵里。他甚至听到更为恐怖的说法——有人建议哥舒翰留三万人守潼关，然后率领精锐部队回师长安，剿灭国贼杨国忠。[22]

此话如果当真，那就比安禄山还可怕。

其实，就算没有这些情报，杨国忠也会警惕。他的身边更是有人提醒：现在，朝廷重兵可是全在哥舒翰手里。万一他有什么想法或异动，相公岂不危险？[23]

杨国忠当然不能坐以待毙。他的办法是以第二梯队和后援部队的名义，在长安和潼关之间布置了一万多人。哥舒翰也不愿意腹背受敌。他的办法是奏请皇帝将这些人马交由自己节制，并把杨国忠任命的统兵将领骗到潼关杀了。

这一天，是至德元载（756）六月一日。[24]

至此，杨国忠与哥舒翰的矛盾已不可调和。这个家伙也很清楚，自己已经无法与哥舒翰抗衡。能够消灭哥舒翰的只有一个人，那就是安禄山。帮安禄山干掉哥舒翰也只有一个办法，那就是让他们在潼关之外决一死战。

杨国忠决定置帝国的安危于不顾。

实际上，半年以来，天下大势已经发生了变化。起兵范阳之后的一个多月，安禄山可谓势如破竹，所向披靡，以至于没过多久就攻克东都，称帝洛阳。现在却不一样了。由另外两位大唐将领统帅的政府军在黄河以北频频告捷，沦陷区人民也进行了敌后抗战。安禄山的死党史思明被困，驻守范阳的叛军不敢南下，范阳与洛阳的通道也被切断。[25]

形势的变化对安禄山是不利的。救援河北吧，等于放弃东都；进攻长安吧，又有潼关之险；留守洛阳吧，那皇帝也当得怪怪的。不但很不是滋味，而且没有安全感。

安禄山进退两难。

战争处于胶着状态，就要看谁更沉得住气了。安禄山原本是沉不住气的。他甚至后悔发动叛乱，暴跳如雷地把下属痛骂了一遍。但经过一位谋士的劝告，这个聪明人很快就恢复了正常，兴高采烈地与部下自娱自乐，夜夜笙歌。[26]

当然，狡猾的安禄山绝不会无所作为。他一方面让部队养精蓄锐以逸待劳，另方面大放烟幕弹。于是，远在深宫的唐玄宗得到情报：驻守陕郡的叛军兵员不满四千，都是老弱病残，还松松垮垮吊儿郎当，根本不堪一击。[27]

哥舒翰马上看出这是骗局。他上书朝廷说：安禄山久经沙场，又是叛乱谋逆，怎么可能毫无防备？明明是设下陷阱诱我中计。实际上，叛军远来，利在速战；我军据险，利在坚守。因此，必须反其道而行之。何况反贼之所为，其实不得人心，发生内讧是迟早的事情。到那时，再集我河北之军南下，出我潼关之兵东进，多行不义之贼必定自毙。[28]

对此，河北的两位将领都很同意。

唐玄宗却听不进去，下令哥舒翰立即出关。杨国忠更是煽风点火，扬言不能坐失良机。这在唐玄宗，是昏，也可能是浮躁。在杨国忠，则是奸，是要置哥舒翰于死地。但结果是一样的：传送出兵诏令的人竟不绝于道，项背相望。[29]

君相二人都把哥舒翰往火坑里推，哥舒翰也只好硬着头皮往下跳。六月四日，这位“皇太子先锋兵马元帅”在大哭一场之后引兵出关，并在四天以后（六月八日）与叛军会战于灵宝（今河南省灵宝市）西原。

战争极为惨烈。哥舒翰的部队几乎从一开始，就毫无悬念地进入了叛军的伏击圈，对方则始终以猫玩耗子的态度来对待这位老将。他们甚至在交战之初，仍然装出乌合之众的模样，发起反攻之后却无所不用其极。结果，哥舒翰的人马有的被石头砸死，有的被大火烧死，有的被河水淹死，有的在逃跑时被自己人踩踏而死，几乎全军覆没。

◎潼关保卫战及有关事件时间表

天宝十四载（755）		
月	日	事件
十二月	十二日	洛阳沦陷
	十八日	封常清、高仙芝被杀
	十九日	拜哥舒翰为兵马副元帅
	二十三日	兵马大元帅荣王李琬去世
	不详	哥舒翰改称皇太子先锋兵马元帅

至德元载（756）		
月	日	事件
正月	一日	安禄山在洛阳称帝，国号大燕
	十日	哥舒翰被加封宰相头衔
	十一日	哥舒翰击退安庆绪的进攻
三月	二日	安思顺在长安被杀，杨国忠不能救
六月	一日	哥舒翰杀杨国忠心腹杜乾运
	四日	哥舒翰引兵出关
	七日	两军相遇于灵宝
	八日	灵宝会战，唐军大败，哥舒翰投降
	九日	安禄山军攻克潼关
	十日	杨国忠建议避难蜀中
	十三日	凌晨 唐玄宗仓皇出逃

哥舒翰本人，则被部下劫持。

劫持了哥舒翰的也是一个番将。他说：元帅以二十万众而一战即溃，还有什么脸面回长安去见天子？再说了，您老人家难道全然不知高仙芝和封常清是什么下场？

于是不由分说，将哥舒翰带到洛阳。

安禄山见了哥舒翰，倒是十分高兴。他笑眯眯地问这位老朋友：过去你总是看不起我，现在感觉如何？

哥舒翰跪下来答：臣愚昧，肉眼不识圣主。

安禄山更高兴了。他做了两件事：一是任命哥舒翰为大燕的司空、同中书门下平章事；二是以“不忠不义”的罪名杀了劫持哥舒翰的那个番将。哥舒翰也投桃报李，写信给自己的旧部，要他们跟着投降。只不过，没人响应。[30]

一年多以后，哥舒翰被安庆绪所杀。

潼关则在灵宝会战的第二天就落入敌手，从潼关到长安沿途的守将和兵勇也如鸟兽散，再也没人在傍晚时分点燃烽火台上的火炬，向皇帝陛下和中央政府报告平安了。[31]

这样的结局，杨国忠可曾料到？

马嵬坡

杨国忠恐怕是给自己留了后路的。

后路就是今天的四川，当时的剑南。作为曾经的成都赌棍和剑南节度使，杨国忠把蜀中看作自己的老窝。安禄山叛乱以后，他更是加紧了对此地的控制和经营。所以，他能毫不顾忌哥舒翰兵败的后果，极力怂恿玄宗下令。同样，当潼关失守长安难保之时，他给出的建议便是“幸蜀”。[32]

贵妃娘娘很是赞同，因为那也是她的老家。

可惜兄妹二人都没想到，他们根本就回不了成都。这两个人跟着唐玄宗逃出长安才一天半，就被杀死在京城一百多里外的马嵬驿（嵬读如委），也叫马嵬坡。[33]

事变看起来像是突发的，就连之前发生的一系列事件都有突然性。比方说，六月一日，哥舒翰还悍然杀了杨国忠的心腹，四日就被逼出了潼关。又比如，六月十二日，唐玄宗还当众宣布要御驾亲征，第二天人就不见了。

想当时宫中肯定一片混乱。据正史记载，六月十三日那天早晨，依然有官员上朝。当他们走到宫门时，还清晰地听见报时的漏声，仪仗队也庄严肃穆地站在殿前。然而宫门打开之后，却不见皇帝，也不见宰相，只见宫女们没头苍蝇似的到处乱跑，宦官们则冲出来说不知道陛下在哪里。[34]

还能在哪里？当然是跑了。

事实上，唐玄宗是在黎明时分仓皇出逃的。当时，长安城里细雨蒙蒙，朱雀大街一片寂静。陛下带着嫔妃、太子和亲王、皇孙，在贴身宦官和禁卫军的簇拥之下，贼一样地悄悄溜了出去。他甚至来不及或者没打算通知住在宫外的王公大臣、皇亲国戚和凤子龙孙，干脆就将他们弃如敝屣。[35]

怨气，可能在这时便已产生。

之后的遭遇与普通难民无异。至尊天子过了中午也吃不上一口饭，皇孙们得到一点粗粮便狼吞虎咽，一众人等又累又饿，无不以泪洗面。如此千辛万苦地走到金城（今天陕西省兴平市）已是半夜，驿站空无一人，疲惫不堪的他们只能挤在一堆和衣而卧。这可是从来就没受过的罪，因此第二天中午走到马嵬坡，禁卫军便再也不肯前进一步。[36]

首先发现情况不对的是他们的司令官陈玄礼。

陈玄礼是在王毛仲被杀之后担任禁卫军统帅的，由于清廉严谨忠于职守而深得皇帝信任。作为司令官，他当然知道将士们都憋着一口气，也知道怨气从何而来，更知道如果这怨气不能宣泄，一旦部队哗变，后果不堪设想。

办法只有一个：杀了杨国忠。

这是陈玄礼早就想做的事，可惜在长安没能得手，此刻当然不会坐失良机。因此，他召集将士们说：天下弄成这个样子，罪责全在杨国忠。如果杀了这贼，大家说如何？

禁卫军众口一词：念之久矣，虽死无憾！[37]

◎马嵬驿事变示意图

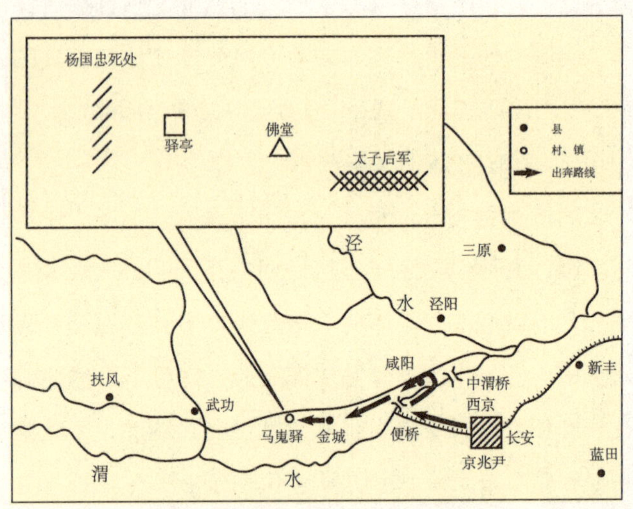

据许道勋、赵克尧著《唐玄宗传》第511页图所绘。

行事谨慎的陈玄礼立即将想法向太子李亨报告，太子的态度则至少是不反对。于是，陈玄礼面见唐玄宗，向皇帝慷慨陈词。他说：诛杀杨国忠，虽然是逆胡谋反的借口，但他民愤极大也是不争的事实。如今国步艰难，圣驾蒙尘，恳请陛下顺应民意，将杨国忠之流就地正法，以安社稷。[38]

史书没有记载唐玄宗如何回答，只知道忍无可忍的将士们已经动起手来。当时，正好有一群吐蕃使者向杨国忠索要粮食，禁卫军便趁机大喊“杨国忠里通外国”，紧接着就乱箭齐飞。顷刻之间，猝不及防的杨国忠被团团围住。将士们甚至懒得理论和控诉，直接用刀把他砍得支离破碎，然后割下他的脑袋，用枪挑着举到了驿站的门外。

杨国忠的儿子和杨玉环的姐姐，也一并被杀。[39]

此时，驿站外面全是杀红了眼睛的禁卫军官兵。御史大夫魏方进被杀，另一位宰相韦见素则被打得头破血流。好在他平时为人厚道也为官清正，这才幸免于难。[40]

玄宗皇帝听到门外喧哗，惊问出了什么事情，得到的回答是“杨国忠谋反”。陛下不禁错愕：杨国忠谋反？杨国忠怎么会谋反，又怎么可能谋反呢？[41]

好在皇帝很快就明白了：杨国忠犯了众怒，为了杀他只好“诬以谋反”。这原本是宫廷斗争的惯用手段，此番则被兵变的禁卫军所用。不过，既然他们还需要合法性，便说明自己依然受到拥戴，那就出门说几句好话安抚安抚吧！

于是，唐玄宗颤颤巍巍地站在了将士们面前。

陈玄礼却抢先一步替兵变的禁卫军陈情。他说：杨国忠欺君乱政，祸国殃民；如不诛杀，动乱难平。臣等为安天下社稷先斩后奏，请陛下治臣矫诏之罪！

唐玄宗也就坡下驴。他说：爱卿这是哪里话！此人之奸朕已知之，原本打算到了蜀中再公开处决。今日卿等受神明启示，成全朕之心愿，只有功，哪有过？[42]

然后皇帝轻轻地说：诸位收队吧！

将士们却纹丝不动。

玄宗只好尴尬地回到房间，派高力士前去打探，得到的回答是：贼本尚在。高力士还进一步解释说：杨国忠被他们杀了，贵妃娘娘还在宫中，将士们害怕打击报复。陈玄礼也传话说，逆贼已诛，他的妹妹不合适再留下吧？[43]

这可是唐玄宗万万没有想到的。挨了当头一棒的他只是说了一句“朕当自处之”，就拄着拐杖低头不语。

此时，四周安静得可怕。

韦见素的儿子韦谔忍不住了。他说：众怒难犯，安危在此一刻，请陛下速决！说完，叩首出血。

玄宗说：玉环常居深宫，哪里知道谁谋反？

高力士说：贵妃确实无罪，但继续留在陛下身边，将士们就没有安全感。将士安则陛下安，请陛下深思。

其实哪里用得着深思，结论几乎是明摆着的：玄宗根本就不敢再面对禁卫军脸上的戾气和血污。花容月貌的杨贵妃终于被绞死在佛堂，皇帝甚至让陈玄礼等人前往验尸。

结果，将士们山呼万岁。[44]

马嵬坡也被历史记住了。它既是唐玄宗的伤心地，也是唐帝国的转折点。是啊，一个皇帝，如果连自己的女人都保护不了，又岂能保护帝国和子民？因此，当禁卫军将士一言不发看着他时，玄宗就应该知道自己的时代已经结束。

流水落花春去也，天上人间。

实际上，杨国忠和杨玉环两条人命，也只是换来了短暂的安宁。三天后在扶风郡（今陕西省凤翔县），禁卫军再次人心浮动，就连陈玄礼也无法控制。玄宗却很清楚，他现在已经是落毛的凤凰。既然如此，那又何妨再拔几根？

于是皇帝把将士们叫来，指着刚刚收到的蜀锦说：诸位都是国家的功臣，为了朕不得不抛妻别子。此去蜀中，山高路远，郡县狭小，要吃的苦还很多。不如就此别过，共分此锦作为盘缠。诸位回去以后，见了长安的父老乡亲，烦请替朕问个好，各人也好自为之吧！说完，泪如雨下。

将士们也哭着说：臣等愿意追随陛下，生死不渝！[45]

此后倒是再没有什么风险，唐玄宗甚至一边走一边组建自己的流亡政府，任命了三个宰相，颁布了若干制令。七月二十九日，在经历了四十六天的长途跋涉之后，玄宗及其追随者一千三百多人终于到达成都。

只不过，他并不知道自己早就变成了太上皇。

但，玄宗皇帝应该清楚，禁卫军在扶风郡为什么会动荡不安。原因很简单，杨国忠和杨玉环被杀的第二天，太子李亨也离他而去。追随这位落难的老皇帝还有没有前途，帝国今后的大局又会怎样，已经是不能不考虑的问题。

肃宗即位

李亨离开父皇，看上去也是事出偶然。

六月十五日，玄宗一行准备离开马嵬坡，但何去何从却又成了问题。经历了腥风血雨的皇帝变得谦和，甚至虚心地听取了禁卫军的意见。将士们却七嘴八舌莫衷一是，有的说去陇西，有的说去灵武，有的说去太原，还有人主张杀回长安。最后，还是韦见素的儿子韦谔一锤定音：先去扶风避避风头看看再说。这才有了前面所说分蜀锦的一幕。[46]

然而动身之时，乡亲们却来了。

这些纯朴的民众是来挽留玄宗的。他们拦在马前言辞诚恳地说：宫殿是陛下的家居，陵寝是陛下的坟墓。陛下抛弃家居和坟墓，要到哪里去，又能到哪里去？

玄宗无奈，只好留下太子做工作。

父老乡亲们又说：至尊一定要走，就请太子殿下率领我等收复长安。我等生于圣代，世为唐民，愿同心同德，讨伐逆贼。如果至尊和殿下都不留，谁为中原百姓做主？

这时，围住太子的已有数千人。

太子只好不走。

不走也有三个原因。一是走不了，二是不想走，三是不敢走。长期以来，太子李亨先是受李林甫打压，后是被杨国忠排挤，但两任宰相都如此猖狂，不就因为他们的背后有父皇吗？如果再跟父皇去蜀中，谁知道会是什么下场？

更何况，此刻是多好的机会呀！杨国忠死了，杨贵妃也死了，一向强势的父皇其实很受伤，也很清楚自己的鞭子现在有多长。当断不断，反受其乱，决不能错失良机。

太子这么想，太子党就更是这么想。李亨的两个儿子和宦官李辅国抓住缰绳力陈利害，看出太子心中动摇的父老乡亲更是将他团团围定，太子只好答应他们。于是，一直在远处等待的唐玄宗得到消息：太子殿下走不了啦！

皇帝一声长叹：天意！[47]

天意即民意。正如李亨之子李倓（读如谈）所说，人心向背是最重要的，而当前的人心所向就是平叛。平叛就不能去蜀中，而应该去西北，去华北。只有高举义旗，联合西北和华北的力量，才能凝聚人心，重整河山。[48]

◎玄宗逃亡、李亨北上时间表

天宝十五载或至德元载（756）		
时间		事件
六月	十三日 晨	玄宗从长安仓皇出逃
	十三日 夜	玄宗到达金城（今陕西省兴平市）
	十四日	玄宗到达马嵬驿，发生事变
	十五日	玄宗与太子李亨分手
	十六日	李亨到达新平（今陕西省彬县）
	十七日	玄宗到达扶风（今陕西省凤翔县）
		李亨到达安定（今甘肃省泾川县）
	十八日	李亨到达彭原（今甘肃省宁县）
	十九日	玄宗到达陈仓（今陕西省宝鸡市）
		李亨到达平凉（今甘肃省平凉市）
	二十日	玄宗到达散关，重组禁卫军
	二十四日	玄宗到达河池（今陕西省凤县）
七月	十日	李亨到达灵武（今宁夏吴忠市北）
	十三日	玄宗到达普安（今四川省剑阁县）
		李亨在灵武即位，改元至德
	十九日	玄宗到达巴西（今四川省绵阳市）
	二十九日	玄宗到达成都

◎玄宗逃亡、李亨北上路线图

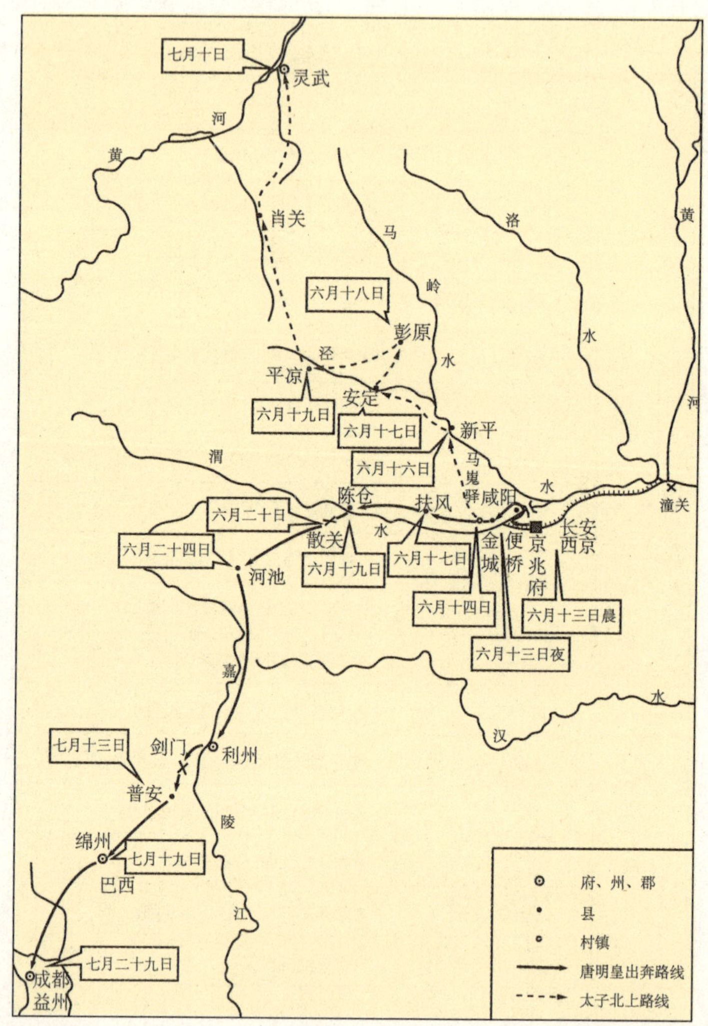

据许道勋、赵克尧著《唐玄宗传》第540页图所绘。

因此，太子与皇帝，只能分道扬镳。

实际上，看看前面的图和表就知道，尽管玄宗和李亨的前进速度几乎一样，走的却是两条不同的路线。皇帝走的是逃亡路线，太子走的是救亡路线。尽管李亨的才干和魄力都远不如父皇，但这一次的选择，却高下立判。

当然，李亨的正确也许是逼出来的。一开始，他也是在逃亡，既要逃离叛军的兵锋，也要逃离父皇的控制，因此头几天几乎是一路狂奔。路途之狼狈，不亚于乃父。[49]

但是到了灵武，就完全不同了。

灵武在今宁夏回族自治区吴忠市北，开元九年（721）帝国在这里设置了朔方节度区。看看地图就知道，由北向南的黄河以东，北边是安禄山的根据地河东、范阳、平卢，中间是双方交战区，南边是洛阳和长安两大沦陷区，河西则是朔方节度区。以灵武为指挥部，朔方为大本营，东进可以直捣安禄山的老窝，南下可以收复两京，可谓左右逢源。

朔方节度区条件也好。境内有大量的营田和牧场，杂居着突厥、铁勒、党项、吐谷浑等游牧民族，以及善于经商的粟特人。因此，朔方军跟安禄山的叛军一样，也是多民族之混编部队。如果我们还知道，太子李亨曾经兼任朔方节度大使一职，便会觉得这种安排简直就是天意。

李亨也没有错过机会。

天宝十五载（756）七月十三日，也就是跟玄宗分手差不多一个月后，李亨在朔方留守官员的拥戴下即皇帝位，是为唐肃宗。当日，改元至德，因此本年也叫至德元载。[50]

这时，李亨到达灵武只有三天。

如此匆忙即位，是会引起怀疑的，这才有了煞费苦心想出的年号。至德来自《孝经》开宗明义第一章，意为最高道德就是孝。显然，肃宗需要向天下人宣示，他的称帝是为了领导平叛，以便尽快将父皇迎回长安。作为皇太子，这才是大孝，也才是至德，是没有任何道德瑕疵的正当行为。

◎灵武的战略意义

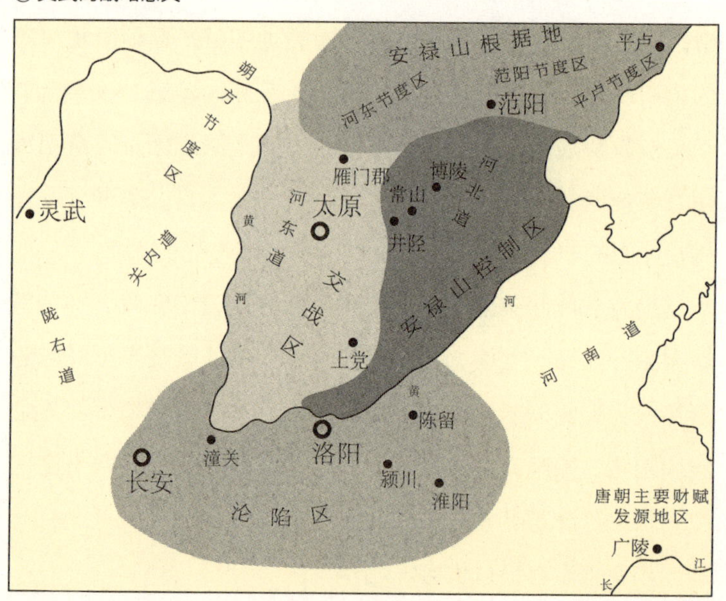

问题在于，领导平叛与当起皇帝来，并没有必然的逻辑关系，玄宗对此也没有明确授权，李亨反倒不无参与甚至主导马嵬事变的嫌疑。一个毋庸置疑的事实是：陈玄礼向唐玄宗提出诛杀杨国忠之前，是请示过太子的，只不过太子的态度不够明朗。不明朗也可以有多种理解，比如默许，甚至是希望万无一失，或者干脆是后世史家的春秋笔法。[51]

但，陈玄礼为什么要请示太子？

没有证据显示，两人此前有过交集，唐玄宗也不会允许禁卫军司令官与皇太子眉来眼去。实际上，事变之后他们就大路朝天各走一边。陈玄礼对皇帝依然忠心耿耿，一路护驾去了蜀中。回到长安后，又被肃宗安排提前退休。[52]

陈玄礼不是太子党。

可疑的是王思礼。这个曾经主张将杨国忠劫持到潼关杀掉的高丽人，在马嵬坡事变前一天深夜来到金城，被玄宗任命为河西、陇右节度使以后又匆匆离去。问题是此人并没有遵旨履新，而是在肃宗即位后追随了新皇帝，官至司空，成为大唐开国以来唯一不曾担任宰相而位至三公的人。[53]

这就难免让人怀疑，王思礼究竟有什么特殊贡献？莫非在那不寻常的深夜，他与皇太子、高力士或者陈玄礼有过什么密谈，直接导致了第二天事变的发生？可惜，史书上一点儿蛛丝马迹都没有，我们也只能疑罪从无。[54]

可以肯定的是，陈玄礼清楚太子与杨家的关系。洛阳沦陷后，唐玄宗曾经打算御驾亲征，令太子监国。杨氏兄妹得到消息抱头痛哭，贵妃娘娘则嘴含土块，以请求皇帝赐死的方式，梨花带雨般地进行劝阻，太子监国终于泡汤。[55]

显然，杨国忠固然是死敌，杨玉环也是障碍。这样就能解释，为什么杀了杨国忠之后还要杀杨贵妃——如果留下这个女人，谁知道她什么时候嘴里又会含块石头呢？

杨玉环非死不可。

这一点，皇太子、高力士和陈玄礼都心知肚明。至于他们是进行了密谋，还是心照不宣地听任禁卫军闹事，已经不再重要。就连唐玄宗，恐怕也看清楚了大势所趋，这才不但在马嵬坡放走了李亨，还对他的称帝表示追认。

一切都那么机缘巧合，又那么顺理成章。

当然，该上演的戏码还得照演不误。礼治的中国从来就是政治舞台，忸怩作态是必须要走的过场。因此，李亨即位之前，臣僚的劝进需要多达五到六次，太子才能装着不得已而顺从民意。总之，新历史总算拉开了帷幕，尽管拥戴肃宗的官员其实寥若晨星，正如他的政府不过草台班子。

然而事实证明，这一步又走对了。肃宗即位的消息传出以后，当月就有安禄山手下五千同罗将士向朔方投诚，大唐的京兆尹（首都市长）和长安县令则在西市（外贸区）率众欢呼，杀叛军数千人，然后浩浩荡荡奔赴灵武。[56]

接着，李泌（读如必）来了，带来了平叛方略。郭子仪和李光弼也来了，带来了精兵强将。这是肃宗时期最为重要的三个人物。有了他们，在灵武城楼草草登基的肃宗皇帝才不再是孤家寡人，大唐的复兴也才有了希望，虽然这过程漫长曲折得就像黄河，必须走过九曲十八弯。

平叛之路

郭子仪是在动乱之初担任朔方节度使的，此后就成为帝国的中兴名将。他甚至两次收复长安，第一次从安禄山的儿子安庆绪那里，另一次是从吐蕃手中。当时，安史之乱刚刚平息，吐蕃却来趁火打劫。即位一年多的唐代宗出奔陕州（今河南省三门峡市），虚弱的帝国再次面临灭顶之灾。

然而极具戏剧性的是，长安城里的吐蕃兵仅仅只是听说郭子仪率军将至，便弃城而走，跑得一干二净。[57]

不过，两年后，他们又来了。

这一次是跟回纥一起来的，郭子仪决定分化瓦解。他在回纥军前布下阵营，然后一身戎装出出进进。

回纥兵喊话：刚才那位大人是谁？

唐军答：郭令公。

郭子仪担任过中书令，所以被尊称为令公。[58]

回纥大惊：郭令公还在吗？

唐军答：当然！

回纥又问：天可汗（唐皇帝）呢？

唐军答：万寿无疆。

回纥说：令公如果真在，能让我们见见吗？

郭子仪拍马而出，免胄释甲，投枪于地。

回纥惊呼：郭爸爸，郭爸爸，果然是我们的郭爸爸！

于是全部下马，向郭子仪行回纥大礼；子仪则握着回纥元帅的手，动之以情，晓之以理。对方不好意思地说：早知道令公将兵在此，就不来了。要不我们一起打吐蕃？

吐蕃闻讯，连夜撤兵。[59]

由此可见，郭子仪已被视为大唐的守护神。难怪唐肃宗这样对他说：家国虽然是朕的，却全靠您的再造。[60]

但，要论战功，却是李光弼第一。[61]

现在看来，玄宗朝可谓番将如云：安禄山是粟特，高仙芝是高丽，哥舒翰是突厥，李光弼则是契丹。这个契丹酋长的后代几乎天生就是将星，不但足智多谋，英勇善战，而且执法如山。有一次，某侍御史违抗军令被捕，提拔此人的诏书却到了。李光弼说：今天原本杀侍御史。如果宣诏，那我就杀御史中丞。如果他拜相，我就杀宰相。

皇帝派来的宦官吓得半死，只好不宣诏。[62]

强将手下无弱兵，李光弼的部属也艺高人胆大。有一天早晨，史思明的猛将李日越带了五百精兵杀过来，却看见李光弼的人悠闲地躺在战壕里吹口哨。李日越从没见过这样迎接战争的，忍不住问：太尉（李光弼）在吗？

答：昨晚走了。

李日越又问：你们有多少人？

答：一千。

李日越再问：带兵的是谁？

答：牙将某某。

李日越叹了一口气说：那我投降吧！

投降在李光弼的意料之中。头天晚上他离开时，就曾交代领兵的牙将：明天，史思明手下定有一员猛将来袭。如果来了，你们不要出战。如果投降，带他来见我。

没想到，李日越还真的降了。

更没想到的是，史思明的另一员猛将也来投降。

于是大家说：请问元帅，这是怎么回事？

李光弼说：人之常情罢了。史思明听说我在城外，一定会派人来。李日越抓不到我，一定不敢回去。另外那员猛将听说他在我这里受到款待和重用，当然要跟着投降。[63]

这可真是用兵如神。

也难怪，郭子仪受命之日，就推荐了李光弼。

实际上，洛阳沦陷以后，唐玄宗之所以还能在长安苟延残喘半年，原因之一就在郭子仪和李光弼。尤其是当年五月二十九日的嘉山（在今河北省曲阳县）会战，两人携手并肩大破叛军，斩首四万，史思明披头散发光着双脚狼狈不堪夺路而逃，河北沦陷各郡纷纷起义归顺大唐。[64]

不难想象，这时，如果唐玄宗不听杨国忠的怂恿，而是接受三位大将的建议，让哥舒翰坚守潼关，派郭子仪和李光弼进攻范阳，那会是一种什么样的局面。

遗憾呀，遗憾！

现在，皇帝变成了肃宗，不会出问题了吧？

不，继续遗憾，因为没听李泌的。

李泌也是神奇人物，据说七岁时就被玄宗赏识。当时皇帝正在下围棋，宰相张说拿起一粒棋子说：方若棋局，圆若棋子，动若棋生，静若棋死。李泌应声而答：方若行义，圆若用智，动若骋才，静若得意。呵呵，更高明！

也就在这时，还是忠王的肃宗跟李泌成了朋友。册封皇太子以后，更是尊李泌为先生。他们在东宫度过了不寻常的岁月，对于李林甫的打压都有切肤之痛。但是，当已经登基为帝的肃宗要将李林甫挫骨扬灰时，李泌却不同意。

皇帝问：过去的事，先生难道忘了？

李泌说：当然没有，但是太上皇还在成都。太上皇年纪大了，身体又不好。如果听说陛下在翻旧账，不知道心里面会怎么想。那时，只怕陛下富有四海而不能奉养。

肃宗大惊失色。他抱着李泌的脖子哭道：朕错了，朕考虑不周。如果不是先生，差点不能成为孝子。但，朕之大孝至德，莫过于收复两京，削平四海，解万民于倒悬，迎父皇回长安。那么，依先生之见，逆贼何日可平？

李泌答：两年。

肃宗问：为什么？

李泌说：贼心如此。臣早就发现，逆贼但有斩获，总是全部运回范阳。这就是苟且之贼，岂能拥有中国？可见不足为虑。但，王者之师，讲究的是“务万全，图久安，使无后害”。这就不能急功近利，必须稳扎稳打，谋定而后动。

具体的设想倒也简单：由李光弼、郭子仪和皇帝自己各率一军，从河北、河东和扶风交替出击，让敌人疲劳奔命于千里，不战而溃。待来年开春，便命西北各军与李光弼联手直取范阳，覆其巢穴。逆贼退无所归，留不心安，势必人心惶惶斗志全无。届时，我军四面围歼，可以灭此朝食。

显然，这是斩草除根一劳永逸的方案，肃宗却在同意之后又反悔。原因也很简单：他太想收复长安和洛阳，根本等不到两年之后，也不认为范阳有多重要。[65]

◎安史之乱大事年表

公元	年号	月份	事件
755	天宝十四载	十一月	安禄山反于范阳
		十二月	洛阳沦陷，封常清、高仙芝被杀
756	至德元载	正月	安禄山在洛阳称帝，国号大燕
		六月	潼关失守，哥舒翰投降
			唐玄宗出逃，马嵬坡事变
			太子李亨与玄宗分手
			安禄山军进入长安
		七月	李亨在灵武即位
757	至德二载	正月	安庆绪杀安禄山，即皇帝位
		九月	郭子仪与回纥联手收复长安
		十月	收复洛阳
759	乾元二年	四月	史思明在范阳称帝
		九月	史思明占领洛阳
761	上元二年	三月	史思明被杀，史朝义即皇帝位
762	宝应元年	四月	玄宗、肃宗崩，代宗即位
		十月	唐与回纥联手收复洛阳
763	广德元年	正月	史朝义自杀
		闰正月	回纥大军回国，安史之乱平

不听李泌之计的结果如前表所示，长安和洛阳虽然如愿收复，战争却又延续了五年，洛阳也再次沦陷。而且，安史之乱的最终平息，还要拜叛乱集团的内讧所赐：先是安禄山被儿子安庆绪谋杀，后是安庆绪被部下史思明斩首，然后是史思明被儿子史朝义绞死，最后是史朝义自杀。

如果他们团结一心呢？

难讲。

可怜大唐人民，却得为两任皇帝的错误决策埋单。宝应元年（762）十月，帝国第二次收复洛阳。由于借助了回纥的力量并有过协议，回纥兵进城以后便疯狂掠夺，大火竟累旬不灭，残暴程度不亚于“叛匪”。政府军也以河南地区是“贼境”为由，所到之处一路掳掠，时间长达三月之久，肆虐程度也不亚于“同盟军”。洛阳城的建筑物全被毁坏，士农工商无论贵贱贤愚都只能以纸为衣。[66]

这可真是“兴，百姓苦；亡，百姓苦”。

民为国本。洛阳民众的苦难，其实暗示着帝国的未来将命运多舛，只不过当局者还意识不到这一点。他们只会在错误的路上越走越远，直到一个文明在溃烂中沉沦。

第四章
走向沉沦

宦官仇士良一脸阴冷地走进小殿，
对坐在里面的文宗皇帝说：
陛下，如果不是翰林学士不肯草诏，
这地方你恐怕坐不成了。

宦官乱政

沉沦从宦官监军那天起就开始了。

广义地说，宦官就是宫中的男性工作人员，由于星空中帝座之西有宦星而得名。早期的宦官，包括士人（生理正常的良家子弟）和阉人（割去阴茎的男子），东汉开始才全部使用阉人。明代以宦官充任十二监主管，结果所有宦官都被尊称为“太监”。就像侵华日军，官兵都叫“太君”。[1]

以阉人为宦官，当然是为了保证后宫嫔妃的贞节和皇家血统的纯正，防止出现让帝王丢失脸面的丑闻。因此，古代君主制国家，包括埃及、波斯、印度、罗马、阿拉伯、俄罗斯、朝鲜、越南，都有阉人充当宦官，英文名叫eunuch，希腊语的本义是“守护床的人”。

唯一的例外，据说是日本。[2]

宦官制度扎根最深、影响最大是在中国，闹得最凶是在汉、唐、明，而唐代第一个炙手可热的宦官是高力士：太子称他为兄，王公称他为翁，驸马只能管他叫爷。就连一人之下如李林甫，万人之上如安禄山，都得让他三分。

其他官员当然更是极尽逢迎之能事。据说，高力士曾经在长安修建了一座宝寿寺。寺钟铸成之日，满朝来贺，敲钟一下捐资十万，居然没有一个不敲十次以上的。[3]

◎唐代彩泥木胎宦官俑

吐鲁番阿斯塔纳古墓出土，新疆维吾尔自治区博物馆藏。

这就比太子还风光。

幸运的是，高力士是个聪明人。他得宠却不骄横，得势却不专断，顺从却不阿谀，直言却不触犯。为人处世，可谓有原则，有底线，有技巧。再加上识大体，顾大局，并不以权谋私，结果皇帝始终信任，朝臣也不反感。[4]

玄宗朝的大臣们甚至应该庆幸有这样一位宦官。皇帝龙颜大怒，他是灭火剂；君臣之间有摩擦，他是润滑油。有不少事，都是高力士四两拨千斤，比如太子之立。当时，李林甫兴风作浪，唐玄宗犹豫不决，高力士悄悄说了一句：立嫡以长，谁还敢争？皇帝大悟，立即拍板立李亨为储。

这可真是一言兴邦。实际上，如果皇帝是当局者，其他有利害关系的是当事人，那么，旁观者的作用就有可能是积极的，只不过这旁观者必须清，既清廉，又清醒。

高力士，就碰巧是这样的人。

没错，碰巧。

事实上，高力士虽然富可敌国，也收受人情，却没听说有过什么权钱交易。相反，一事当前，他首先考虑的是皇帝的利益。即便提意见，出主意，也是吹耳边风。作为玄宗最贴身的人，高力士始终没有忘记自己只是皇帝的家奴。

中晚唐的宦官就完全两样。

这一点，最清楚的当然是皇帝自己。开成四年（839）

十一月的某一天，大唐第十四任皇帝文宗李昂，突然召来一位翰林院学士，问了一个奇怪的问题：就爱卿读书所知，朕可以跟前代的哪位帝王相比？

学士答：臣愚，但天下人都说陛下是尧舜之君。

皇帝说：朕其实是想问，比得上汉献帝吗？

该学士大惊失色：陛下怎么能这样说？

皇帝答：献帝只是受制于强臣，朕却受制于家奴。这样看起来，朕只怕还不如他。说完，泪如雨下。[5]

文宗说的家奴，就是仇士良。

仇士良可谓宦官乱政的典型人物。他不但专横跋扈二十多年，而且视皇帝为玩偶。开成年间某天深夜，一位值班的翰林院学士被叫进秘殿，只见四周帷幕重重，仇士良则端坐堂上虎着脸说：太后要换皇帝，你起草诏书吧！

该学士吓得魂飞魄散：杀头灭族的事，我不敢！

仇士良沉默片刻，然后拉开帷幕。坐在里面的，竟是文宗皇帝本人。于是这个宦官头子阴冷地说：陛下，如果不是这位学士不肯草诏，这地方你恐怕坐不成了。

文宗居然低头不语。[6]

这实在骇人听闻，却有可能。事实上，哀帝之前，大唐九个皇帝，只有两个（宪宗和敬宗）不是宦官拥立，却又都是被宦官杀掉的。宦官的势焰熏天，可谓无以复加。

问题是：何以如此？

直接原因当然是宦官掌握了禁卫军的兵权。唐代首都的驻军，早期有南北之分。北门的叫禁军，保卫皇帝，也就是禁卫军。南边的叫卫兵，保卫政府，其实是中央军。然而安史之乱的结果，是中央军土崩瓦解，禁卫军名存实亡。悄然崛起并影响了中晚唐政治的，是神策军。

神策军本是哥舒翰为了对付吐蕃而建立的边防军，安禄山叛乱后被调往东部战线。但是，当他们遭到史思明的迎头痛击之后，却发现基地早已被吐蕃占领。也就在这时，他们遇到了在前方监军的宦官鱼朝恩，后者则不失时机地将这支无家可归的队伍变成了自己的力量。

接下来，神策军两次保卫了皇帝。第一次是吐蕃攻陷长安时，鱼朝恩成功地将逃难的代宗接到身边，并把陛下重新扶上了皇位；第二次是德宗时期发生兵变，皇帝仓皇出逃到奉天（今陕西省乾县），神策军赶来救驾。所以，尽管鱼朝恩由于专横跋扈已被代宗诛杀，德宗还是将这支队伍扩充为左右神策军，兵权则交给了自己信任的两个宦官。

不能说皇帝的决策全无道理。毕竟，神策军在边疆早已锻炼得强悍团结，又因为被提拔为禁卫军而感恩忠诚。至于领兵的宦官，既没有地盘，也没有后代，绝不会像安禄山那样自己称帝。因此，由宦官统领神策军，可以放心。[7]

结果却是灾难性的。

灾难有两方面：神策军变得腐败，宦官变得嚣张。腐败并不奇怪，因为从边防军变成禁卫军以后，神策军没有了战事却有了特权。宦官嚣张也不奇怪，因为皇帝和保卫皇帝的武装力量都在他们手里。皇帝如果听话，固然可以挟天子以令诸侯；就算不听话，也可以换一个，甚至杀了他。

当然，一般地说，宦官并不喜欢杀皇帝，更不会反对皇帝制度。他们的办法，是把皇帝变成废物。仇士良告老还乡时就曾问同伙：愿意听老夫说说怎么伺候皇上吗？

众宦官异口同声：请老前辈指教！

仇士良说：关键的关键，是不能让他闲着。闲，就会博览群书，接见儒臣，听取意见，我等就没戏了。因此，上上之策莫过于让皇帝声色犬马，忙于吃喝玩乐，朝政都交给我们处理。如此一来，恩泽和权力，又能到哪里去？[8]

呵呵，仇士良可不是高力士。

显然，人是靠不住的。要知道，就连玄宗皇帝都前后判若两人，又岂能要求宦官都是高力士？恰恰相反，如果皇帝不是唐玄宗，高力士倒没准会变成仇士良。

靠得住的，只有制度。

然而问题也恰恰出在这里。按照制度，最高权力和绝对权力必须归于皇帝。至于这权力是不是皇帝本人行使，包括他有没有能力行使，则无人过问。这才有女主、外戚和权臣的代行皇权，只不过代理人在中晚唐沦落到宦官而已。

更何况，宦官与皇帝制度是共生的。要消灭宦官，就得先消灭皇帝。能够遏制宦官的，也只有皇帝。但，如果皇帝是靠宦官保卫的，请问他又怎么可能遏制宦官呢？也只能像陷入沼泽地的人，越是挣扎陷得越深。[9]

这是一个谁都解不开的死结。

制度出了问题，就只能靠人。实际上，唐代宦官的乱政就是由一位野心家终结的。此人进入长安后，居然一口气杀光了所有的宦官。只不过，他顺手把大唐也杀了。

宦官可真是与大唐共存亡。

藩镇割据

宦官乱政的同时，藩镇在割据。

藩镇又叫方镇。方即四方，藩即藩篱，镇即镇守，也指军镇。因此藩镇的本义，就是镇守一方，保卫中央。

最早设立的藩镇是十个军区，其中九个军区的长官是节度使，一个是经略使，统称“天宝十镇”。这十个军区有五个在西北，三个在东北，一个在西南，一个在华南，战略目标也很明确：保卫关中，进而保住世界帝国的地位。因此十镇的总兵力竟多达四十九万，是中央军的五倍半。[10]

这就是典型的强枝弱干了，唐玄宗却毫不在意，将节度使换成番将的李林甫更是自鸣得意。结果安史之乱起，原本应该保卫中央的藩镇，变成了反政府武装力量。

教训惨痛啊！

◎天宝十镇一览表

镇名	治所	曾任节度使	兵力	战略目标
安西	龟兹	高仙芝、封常清	两万四千	抚宁西域
北庭	庭州	封常清	两万	防制突骑施、黠戛斯
河西	凉州	王忠嗣、哥舒翰	七万三千	断隔吐蕃、突厥
陇右	鄯州	王忠嗣、哥舒翰	七万五千	备御吐蕃
朔方	灵州	王忠嗣、郭子仪	六万四千	捍御突厥
河东	太原	王忠嗣、安禄山	五万五千	捍御突厥
范阳	幽州	裴宽、安禄山	九万一千	临制契丹、奚人
平卢	营州	安禄山	三万七千	镇抚室韦、靺鞨
剑南	益州	鲜于仲通	三万九百	西抗吐蕃，南抚蛮獠
岭南	广州	裴敦复	一万五千	绥静夷獠

本表所列曾任节度使只选代表人物。

◎天宝十镇示意图

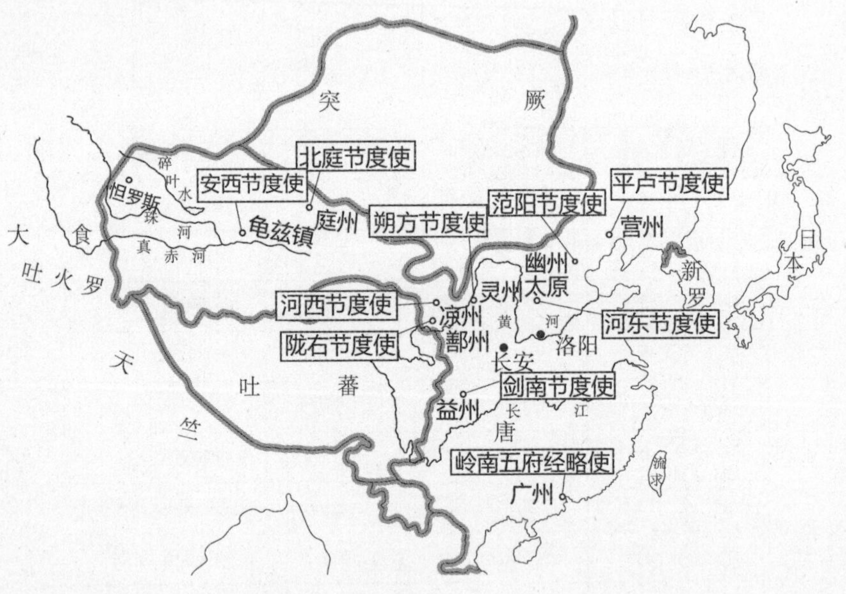

治所地：龟兹即今新疆维吾尔自治区库车县，庭州即今新疆维吾尔自治区吉木萨尔县，凉州即今甘肃省武威市，鄯州即今青海省乐都县，灵州在今宁夏回族自治区吴忠市，太原即今山西省太原市，幽州在今北京市，营州即今辽宁省朝阳市，益州即今四川省成都市，广州即今广东省广州市。

帝国却没有反思。相反，为了尽快享受胜利成果，肃宗和代宗不计后果地封官许愿、招降纳叛。结果，藩镇的数量没有减少反倒增多，势力也没有减弱反倒增强。到第九任皇帝德宗时，全国共有藩镇四十多处，大的辖地十州，小的也有三四州。藩镇不再是边防军，而是相望于内地。[11]

换句话说，京畿之外，几乎都是藩镇。

新藩镇可以分为两个系统。一个是中央系，也就是帝国新设节度区，任命政府军的将领担任长官。这样做，当然是为了酬劳那些平叛有功的人。但，前面有节度使造反，后面就册封更多的节度使来平息，岂非饮鸩止渴？

更糟糕的是，安禄山和史思明手下的将领，投降以后也成为大唐的节度使。这就是安史系。安史系的将领，多半是胡人或胡化的汉人。他们的势力范围，也多半是胡化程度较深的地区。这些地区的特点是民风彪悍，崇尚武力，跟吟诗作赋风花雪月的长安，俨然两种文化，两个中国。

安史系镇区的统治系统，是军政合一的。节度使是最高军事长官，也是最高行政长官。他的军队遍布全区，由私人任命的镇将来率领。镇将的部属，也是私人的。因此，镇将强悍，就能更换统帅；统帅强悍，就能对抗中央。中央系的节度区虽然没有这么蛮横，却也未必一定听话。[12]

藩镇，差不多是“半独立王国”。

这就有点像东周，却比东周混乱。东周至少讲规矩。天子与诸侯，诸侯与大夫，都是有着法定程序和制度保障的封建关系，谁都不能自说自话地当起诸侯和大夫来。此时的节度使却可能由镇将拥立或驱逐，全凭武力和实权说话。中央政府则只能在事后追认，完全是橡皮图章。

显然，中央系也好，安史系也罢，都是军阀。

是军阀就会混战。实际上，安史之乱后，受到重创的唐帝国之所以没有立即灭亡，原因之一就在于这些军阀们自己要混战，谁也不能一家独大，谁也不能一统天下。因此哪怕灭了大唐，造就的也只是分裂状态的五代十国。那可是一桌五道主菜轮流上，周围摆了十碟凉菜的宴席。

其实，这种闹剧在中唐就已经预演过。唐德宗建中三年（782）十一月，河北四个藩镇一齐宣布独立，或称孤，或道寡。雪上加霜的是，被朝廷寄予平叛厚望的淮西节度使李希烈也跟着反了，还被那四个人怂恿着要称帝。[13]

强悍的李希烈是安史系藩镇李忠臣的养子。而且，就像黑社会里经常会发生的故事一样，他在羽翼丰满之后驱逐了养父和主帅，自己当起节度使来。对此，朝廷一点脾气都没有就给予了追认。这次他把事情闹得更大，帝国政府也仍然忍气吞声，只是派了一位德高望重的大臣去“宣慰”。

这位大臣就是颜真卿。

◎五代十国的分裂形势

	国家	都城（今）	开国帝王	年代	亡于
五代	后梁	开封	朱温	907—923	后唐
	后唐	洛阳	李存勖	923—936	后晋
	后晋	开封	石敬瑭	936—947	辽
	后汉	开封	刘知远	947—950	后周
	后周	开封	郭威	951—960	宋
十国	南楚	长沙	马殷	927—951	南唐
	吴越	杭州	钱镠	907—978	宋
	前蜀	成都	王建	907—925	后唐
	吴	扬州	杨行密	902—937	南唐
	北汉	太原	刘崇	951—979	宋
	南汉	广州	刘龑	917—971	宋
	荆南	江陵	高季兴	924—963	宋
	闽	福州	王审知	909—945	南唐
	后蜀	成都	孟知祥	934—965	宋
	南唐	南京	李昪	937—975	宋

颜真卿的名字家喻户晓。他不但是唐代首屈一指的大书法家，也是安史之乱中坚持敌后抗战的英雄，他的哥哥颜杲卿（杲读如搞）甚至在被俘之后骂贼而死。这样刚直不阿的人到了叛军营中，当然不会嘻嘻哈哈一团和气。

叛军也剑拔弩张。李希烈的亲兵和养子一千多人围着颜真卿舞刀弄枪，破口大骂，一副就要吃人的样子，颜真卿却面不改色，纹丝不动。李希烈只好用身体护住这位大唐的太

◎颜真卿《多宝塔碑》

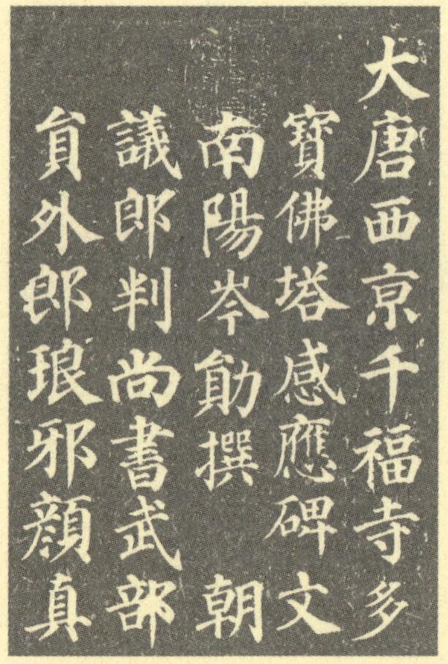

此碑为颜真卿四十四岁时所书，是其早期楷书代表作品。

子太师，客客气气请进行营，拿出那四个人的信来说：四王不约而同拥戴本帅，难道不能说明一点什么问题吗？

颜真卿说：什么四王？四凶罢了！

四人的使者却对李希烈说：我等正要上表称臣，太师就来了，这不就是上天把宰相赐给都统您吗？

颜真卿说：什么宰相！你们没听说过颜杲卿吗？那正是家兄。老夫年近八十，只知守节而死，岂能受此蛊惑？反倒是尔等，倒行逆施，只怕死无葬身之地！

李希烈便在院子里挖了一个大坑，名曰“坑颜”。

颜真卿说：何必如此麻烦！拿把剑来岂不痛快？[14]

李希烈无可奈何，但也不会停下叛乱的步伐，朝廷则只好调兵遣将。建中四年（783）十月，泾原节度使姚令言奉命率领五千人马，从泾州（今甘肃省泾川县）前往襄城（今河南省襄城县）御敌，却没想到走到半路就兵变了。

兵变是由一件小事引起的。姚令言的部队风尘仆仆赶到长安，长安市长（京兆尹）却拿野菜粗粮劳军。当时，天降大雨冷风刺骨，随军家属饥寒交迫，勤王官兵怒火中烧。他们说：热饭热菜都吃不上一口，凭什么要我等卖命？长安的库房里应有尽有。他们不给，我们自己去拿！

于是，已经走到长安东边的部队突然哗变。他们一脚踢飞了装着粗茶淡饭的坛坛罐罐，扬铃打鼓地杀回京城。此时姚令言正在宫里向皇帝辞行，闻讯大惊失色，赶忙冒着纷飞的箭矢冲进军中大声说：弟兄们，不要这样！

哗变的官兵根本不听，裹胁了姚令言就往里冲。

德宗皇帝也大吃一惊，赶忙派宦官宣诏，官兵每人赐帛两匹。将士们更加愤怒，杀了宦官继续前进。陛下赶紧又派人拉了二十车帛去，城门却已攻破。潮水般涌进大街小巷的叛军高喊：百姓不要惊慌，我们只抢皇帝，不抢你家！

皇帝只好仓皇出逃。[15]

这是继玄宗和代宗之后第三位流亡天子，赶来护驾的就是前面说过的神策军。叛乱了的平叛部队在长安拥立了一个退居二线的节度使为皇帝，先称秦，后称汉，流亡在外的德宗则只好下诏赦免那五个称王的藩镇。不过，愿意领情的却只有三个，另外两人一个继续南攻，一个自称楚帝。

德宗只好再逃。

幸运的是，这些叛军都不能叫团队，只能叫团伙，叛乱的同时还要内讧。比如李希烈就是被部下所杀，继位的部下则再被部下杀掉。这两个先后谋杀了主帅的部下，也都被唐政府任命为节度使。毕竟，长安已无能力驾驭他们，帝国反倒要仰仗各路藩镇，才不至于亡于外敌和内乱。[16]

虚弱的大唐，只能姑息养奸。

因此，本次内乱平定后，藩镇的力量更强大了。德宗之孙宪宗继位时，全国藩镇共计四十八处，不向中央申报户口的十五镇，每年上缴财税的仅八镇，可谓尾大不掉。[17]

这才有了宪宗的削藩，包括调用十六镇兵力，用三年的时间平定淮西。经过如此这般不懈努力，到元和十四年（819）的春天，全国的藩镇至少在名义上都服从了中央。可惜这位能干的皇帝在后期也变得荒唐，终于被宦官所杀。

大唐帝国失去了最后一次机会。

此后的八十多年，就基本上是朝廷宦官乱政，外地藩镇割据。于是我们不禁要问：天下变成这副样子，难道就没有人为国分忧？朝中那些大臣，又在干些什么？

朝臣内讧

藩镇割据的同时，朝臣们在窝里斗。

斗争是激烈的。从宪宗到宣宗的半个世纪中，除少数洁身自好或人微言轻者外，朝臣泾渭般地分为两大派系（当时的说法叫朋党），各自拉帮结伙，彼此互不相让。如果牵涉到人事安排，更不惜在御前会议上脸红脖子粗。

比如开成三年（838）正月的某日。

本次会议讨论的，是一位被贬官员的工作安排。这时的皇帝是文宗。由于反抗宦官乱政失败，他实际上已成为模范监狱中的体面囚徒，因此一开始就按照某派系与宦官达成的共识提出：某某贬到外地好几年了，给个官位吧！[18]

另一派系的宰相郑覃（读如谈）立即亮出红牌：陛下可怜他，就让他移动几百里。如果要提拔，臣申请让位！

郑覃的同伙也说：那家伙专搞派系，是小人。

对立面则说：做事要公道，不能讲个人好恶！

文宗也说：给个刺史还是可以的。

郑覃却说：顶多让他做洪州司马。

洪州在今江西省南昌市，距离长安三千里，而且那人原本就是衡州（今湖南省衡阳市）的司马。衡州司马调任洪州司马，只不过从中州调到了大州，保他的人当然不干。于是两派在皇帝面前吵成一锅粥，互相攻击，不可开交。

退朝后，文宗问身边人：宰相这样，像话吗？

身边人说：是不像话，但郑覃他们也是一片忠心。[19]

文宗没有再说什么，也无话可说。他早已领教了两派的势同水火和意气用事，以及自己的无能为力，因此曾经不无感慨地说：消灭朝中派系，比消灭河北叛贼还难。[20]

朝臣们却不承认这一点。

有一次，宪宗皇帝问：派系斗争这么严重，为什么？

宰相李绛回答说：因为历朝历代的帝王，最痛恨的就是派系斗争。因此，小人要攻击君子，就说他们搞派系。派系这东西，说起来可恶，查起来没影，最方便用来整人。何况君子和君子，本来就同声相应，同气相求。难道一定要让君子和小人苟且在一起，才叫没有派系吗？[21]

结论是：没有派系斗争，只有君子小人。

或者说，君子在一起叫同道，小人在一起叫朋党。[22]

这话听起来似乎在理，实际操作却很困难。至少，我们无法分辨当时的两派，究竟谁是君子，谁是小人，甚至不能通过对无辜者的同情心来进行判断。因为在唐文宗感叹“去河北贼易，去朝中朋党难”之后不久，两派的领军人物都被打压排挤出京，而且一贬再贬，罪名则都是莫须有。[23]

同样，我们也很难指控那些实施排挤诬陷的人，因为他们以反对宦官乱政为己任，而且为此献出了生命。何况如果这几个是小人，岂非证明受打压的是君子？都是君子，又为什么要弄得势不两立，你死我活？讲不通吧？[24]

君子小人论，可以休矣！

但，朝臣分为两派却是事实。比如李绛，就跟另一位宰相李吉甫是死对头。吉甫主张什么，他就反对什么。李吉甫的儿子李德裕，跟李宗闵、牛僧孺又是死对头。前面所说郑覃要打压的那个被贬官员，就是李宗闵。所以，中晚唐的派系斗争，便又叫“二李党争”或“牛李党争”。[25]

牛僧孺和李德裕都不是小人。前者拜相，是因为唐穆宗意外发现他是拒绝贿赂的清官。后者则在得势之后，不顾唐武宗的意愿，顶着宦官仇士良的压力，竭尽全力为自己的政治对手请命，终于在刀下救回了两位前任宰相的性命。[26]

那么，两派窝里斗，又是为什么呢？

与藩镇有关，与出身也有关。李德裕和郑覃代表着北朝以来延续数百年的关东世族，牛僧孺和李宗闵一派则多半是进士出身的科举官员。在对待藩镇和外族（主要是吐蕃）的问题上，前者持强硬态度，后者主张和平解决。[27]

换句话说，世族系是鹰派，科举系是鸽派。

政见加门户，当然针锋相对。世族系甚至恨不得废了进士科的考试，只留下明经科。郑覃就对文宗说：官员有能力就行，何必还要才艺？陈后主和隋炀帝倒是文采斐然，结果国破家亡。进士也一样，轻浮浅薄，不堪重用。

文宗弱弱地说：也不能一概而论吧？轻薄的人未必都是进士出身，科举官员中也有敦厚的。再说了，进士科的设立已经二百年，总不能说废就废。

郑覃说：那也不能太抬举。[28]

呵呵！态度如此强硬，底气从何而来？

宦官。

没有证据表明，郑覃与宦官有什么勾连。但朝臣的派系与宦官的帮派，则大约确有瓜葛。主战的世族系李吉甫一派在宪宗朝得势，就不仅因为宪宗皇帝要遏制藩镇，也因为宦官头子吐突承璀（读如崔）是鹰派。相反，当宪宗皇帝和吐突承璀死于非命，皇帝和宦官头子都换了人时，用兵就变成了裁军，掌权的也变成科举系的李宗闵和牛僧孺了。[29]

此后的发展同样令人沮丧。杀了吐突承璀的宦官王守澄也被杀掉，把持内廷的是专横跋扈的仇士良。结果，李宗闵和牛僧孺都被贬到千里之外，李德裕则再次拜相，直至官居太尉，封卫国公，达到他政治生涯的顶峰。

两派势力的消长，几乎与宦官头子的更换同步。

但，要说政局完全由宦官左右，皇帝和朝臣不过傀儡和演员，则未免言过其实。要知道，势焰熏天如仇士良，后来也遭到李德裕抵制，并因为感到恐惧而申请退休。[30]

进行道德批判就更没有必要。事实上，不管人们是喜欢还是不喜欢，都得承认宦官是长安政界的组成部分。一个顺理成章和毋庸置疑的结论是：官员如果不跟宦官进行广泛的接触，达成某种幕后的和解默契，就将一事无成。[31]

何况皇帝也并非无所作为。宣宗听政第二天，李德裕就被免去相职，而且一贬再贬。最后，由于制造冤案的丑闻东窗事发，被贬为崖州司户参军，也就是在今天的海南省琼山市做管民政的小吏，级别从八品下。[32]

这可真是一跟头栽到底。

想当时李德裕在崖州恐怕悲愤满腔。据说，在他常常登临的望阙亭上留下了这样一首诗：独上江亭望帝京，鸟飞犹是半年程。碧山也恐人归去，百匝千遭绕郡城。[33]

的确，他是回不去了。

不可能再回长安的李德裕在崖州孤独地走来走去，有次走到一座禅院，看见内壁挂着十几个葫芦。于是他问：方丈葫芦里卖的是什么药？可以救救弟子么？

方丈一声长叹：哪里是什么药，是骨灰。这些人，都是太尉您当年为了泄私愤，贬死在这里的。

李德裕闻言，怅然若失，心痛如绞。

当晚，他与世长辞。[34]

此后没过多久，由于内廷的宦官不再发生冲突，也不再与外朝的大臣分别勾连，朝中派系也在宣宗去世之后自行解体烟消云散。只不过，那时离亡国已经不算太远。

如此看来，闹得沸沸扬扬，前后持续半个世纪之久的派系斗争，其实无聊透顶。原本应该成为帝国中流砥柱的士大夫阶级，除了充当宦官的应声虫和附属品，便只能在结党营私和钩心斗角中发挥聪明才智，结果不但扼杀人才，而且消耗国力。因此，当内讧终于结束时，能够改变国家命运的内部力量已经荡然无存。虚弱衰朽的王朝甚至没有力气为自己挖一个坟墓，只能依靠外来力量合上棺盖。[35]

胡人添堵

外来力量首先是胡人。

作为混血王朝，大唐与胡人有着不解之缘，安史之乱的前前后后更是番将轮流登场：粟特人安禄山造反，高丽人高仙芝被杀，突厥人哥舒翰投降，契丹人李光弼平叛，最后在帝国的伤口上撒盐的则是铁勒人仆固怀恩。

铁勒本是突厥北邻，有回纥、同罗、仆固等部落。他们最早活动在今天的西伯利亚和蒙古国北部，太宗皇帝时代成为大唐子民。作为仆固酋长后代的怀恩，则是在安禄山叛乱之后走进历史的。他保卫肃宗，平定河朔，收复两京，迫使史朝义兵败自杀，可谓厥功甚伟。他的三个女儿远嫁他乡为国和亲，一家四十六人牺牲在战场，可谓忠烈满门。[36]

但，这个大功臣却反了。

反叛让帝国很受伤。因为在此之前，吐蕃已经再次让大唐的皇帝成为流亡天子。广德元年（763）十月，吐蕃大军突然兵临长安，代宗猝不及防仓皇出逃，好不容易靠着郭子仪救驾才重返京师。仆固怀恩却在皇帝惊魂未定之时，率领由回纥、吐蕃、吐谷浑、党项组成的多民族联军红尘滚滚地杀了过来，一路风卷残云，让苦难的王朝雪上加霜。[37]

好在天佑大唐，仆固怀恩在途中暴毙，联军也被郭子仪分化瓦解，一如我们在前章所述。然而代宗皇帝听到消息却十分惆怅。他说：怀恩并不想谋反，他没想要反啊！[38]

不想反叛，为什么起兵？

表面上的缘由是内讧。安史之乱平息后，作为辅助部队全面复员的一部分，仆固怀恩奉代宗皇帝之命护送回纥雇佣军和他们的可汗返回草原。然而往返路过太原时，河东节度使却闭门不出，更不按照常规礼仪提供犒劳，原因则据说是怀疑仆固怀恩与回纥勾结，有可能偷袭太原。

此事的真伪已死无对证，两人交恶则是事实。愤怒的怀恩决定给那家伙一点颜色看看，便一面上书朝廷，一面在太原周边布下重兵。这就给了河东节度使以控告仆固怀恩谋反的口实，并说服了代宗派来的宦官，使他相信那个骁勇的番将“非我族类，其心必异”，确有图谋不轨的嫌疑。

因此，宦官到了怀恩军中，便不免疑神疑鬼。

其实怀恩对那位宦官相当热情，他甚至按照胡人的习俗亲自为远方来客表演了歌舞，宦官则依据长安的规矩支付了演出费。这下子仆固怀恩更高兴了。他盛情邀请宦官留下与他共度端午，还吩咐部下将宦官的马藏了起来。

仆固怀恩这样做，原本出于好客的天性，那个宦官却吓坏了。他连夜逃回长安，向皇帝报告怀恩谋反。怀恩一怒之下也上表朝廷，要求杀了那宦官和河东节度使。

代宗只好又派了一位宰相去安抚。

可惜这于事无补。怀恩抱着宰相的脚号啕大哭，却拒绝到长安去见皇帝，理由是怕死。此后，他又扣留了出使回纥的御史大夫。事情到了这个份上，不反也得反了。[39]

安史之乱后帝国面临的问题，也因此而暴露出来，这就是深刻的信任危机——朝廷与重兵在握功高震主的武将互不信任，就连郭子仪和李光弼也被解除兵权或明升暗降。这并不难理解：功臣害怕兔死狗烹，朝廷则害怕他们变成第二个安禄山。如果此人还是番将，就会更多猜忌。

仆固怀恩却比安禄山更不能让人放心，因为有太深的回纥背景。当年，肃宗皇帝为了平叛向回纥借兵，谈判代表就是仆固怀恩。后来，回纥可汗为儿子求婚，嫁出去的也是他的女儿。结果，怀恩护送回纥雇佣军返回草原时，骑在马上伴随身边的就是他那个继承了汗位的女婿。

河东节度使不能不防。

实际上，帝国君臣对回纥有着复杂的感情。毕竟，在周边那些小兄弟中，回纥是最友好的，否则肃宗皇帝也不会想到向他们借兵。事实上，如果没有回纥骑兵，平叛战争的结果确实无法预测。要知道，天宝末年的唐政府军已经变得骄奢淫逸，回纥骑兵却是当时东亚最强大的军事力量。[40]

◎回纥文《大唐大慈恩寺三藏法师传》局部

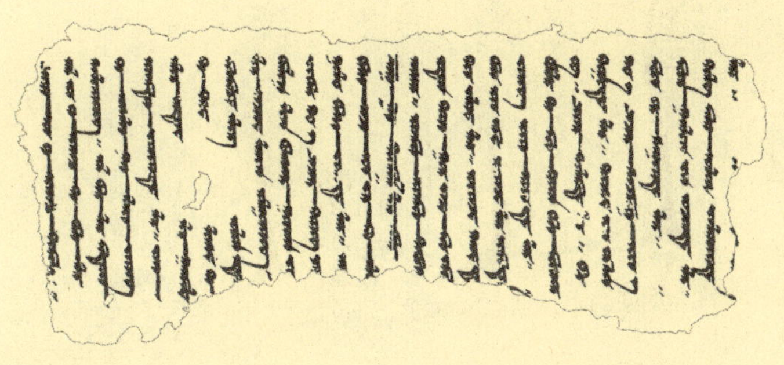

国家图书馆藏，此抄本又名《菩萨大唐三藏法师传》，简称《玄奘传》，是海内外孤本。抄本内容是玄奘弟子慧立记述老师西行、求经的经过。回鹘佛教僧人详古舍利于10世纪上半叶译成回鹘文。

◎回纥人壁画像

新疆柏孜克里克石窟壁画中的回纥人形象。

不过，既游牧又经商的回纥是精明的生意人。他们愿意帮助大哥，但必须亲兄弟明算账，而且要价不低，服务态度也未必好。最让唐人感到愤怒的是，宝应元年（762）十月第二次收复洛阳时，身为天下兵马元帅的雍王李适（后来的唐德宗）竟受到回纥将军的当面羞辱。由于一言不合，殿下忠心耿耿的扈从遭到了鞭打，其中两个不治身亡。[41]

对此，德宗耿耿于怀。

然而在宰相李泌的劝说下，德宗也还是同意对回纥采取友好政策，甚至和亲。这又是为什么呢？

因为吐蕃。

吐蕃和回纥的故事，都已在《隋唐定局》中讲过。因此我们应该不会忘记，唐蕃关系并非总在蜜月期。事实上早在高宗时，吐蕃就让大唐的西域不得安宁，安史之乱后更是将河西和陇右（今甘肃、青海和新疆的部分）收入囊中，就连长安也变成了他们可以随便来逛逛的免费商城。

已经无法准确统计吐蕃造成的直接经济损失，但大唐失去了自己的牧场则毋庸置疑。于是，帝国不得不仰仗回纥的马匹和骑兵，尽管回纥既垄断经营又欺行霸市，大唐之所得远远低于之所付，欠下的债务则似乎总也还不清。[42]

但是没有办法。两害相权取其轻，朝廷只能采纳郭子仪的建议，联合回纥，对抗吐蕃。对此，回纥态度积极，改名回鹘（鹘读如胡）以后也如此。因为他们跟吐蕃一样，都对天山之南那条翻过葱岭便可来到撒马尔罕（Samarqand）和布哈拉（Bukhara），最后抵达波斯和罗马的商道感兴趣。[43]

没错，这里说的是丝绸之路。

看看地图就知道，回纥和吐蕃可谓一路相隔，一个在丝绸之路北，一个在南。但显然，南方的吐蕃更强势，也更具进攻性。他们在控制了帕米尔高原的勃律国之后，又对塔里木盆地发起进攻，迫使大唐一度放弃安西四镇。这当然是严重的问题。要知道，安西都护府和龟兹、于阗、疏勒、焉耆四镇的设立，原本是大唐用来确保丝绸之路安全的。[44]

回纥也不会高兴。他们通过与粟特商人的合作，早就在横穿欧亚的长途贩运中获利，并不希望别人插上一脚，更不希望断了财路。因此，回纥很乐意与大唐联合，不管是充当雇佣军还是同盟军。这样既能对付咄咄逼人的吐蕃，又能大量获取在国际贸易中作为硬通货使用的绢帛。[45]

生意人的想法，总是不吃亏的。

大唐却不能不忍痛割爱。为了对付安禄山，朝廷从西北撤回了常备军，只留下少量守军维持秩序。这其实无异于将帝国的西域拱手相让，听由吐蕃和回纥摆布，后者当然也十分愿意填补空白。唐德宗贞元五年（789）十二月，吐蕃大举进攻北庭（今新疆维吾尔自治区吉木萨尔），已经改名为回鹘的回纥则出兵救援，最后以吐蕃的决定性胜利告终。

本次战争是划时代的。战后，原本通过回鹘与中央政府联系的北庭和安西音信全无，存亡莫知。中华帝国从此丧失了对塔里木和准噶尔的控制，时间竟长达千年之久。[46]

不过回鹘和吐蕃也好景不长。就在唐文宗感叹自己受制于家奴的第二年，回鹘汗国灭亡。之后不久，吐蕃王朝也轰然倒塌，大唐则陷入了内战之中，反倒是作为西突厥支系和族群之一的沙陀，在北庭战役后进入了人们的视野。五代后唐的实际开国之君李克用，便正是当时沙陀酋长朱邪尽忠的曾孙。只不过到那时，丝绸之路已是另一番景象。

依然响起的，大约只有驼铃。

◎唐代丝绸之路示意图

刻赤
黑 海
玉龙杰赤
讹打剌
怛罗斯
碎叶
安西都护
安国
(布哈拉)
康国
(撒马尔罕)
疏勒
姑墨
莎车
精绝
于阗
蓝氏城
番兜城
地中海
食
红
大
海
阿拉伯海
天
竺

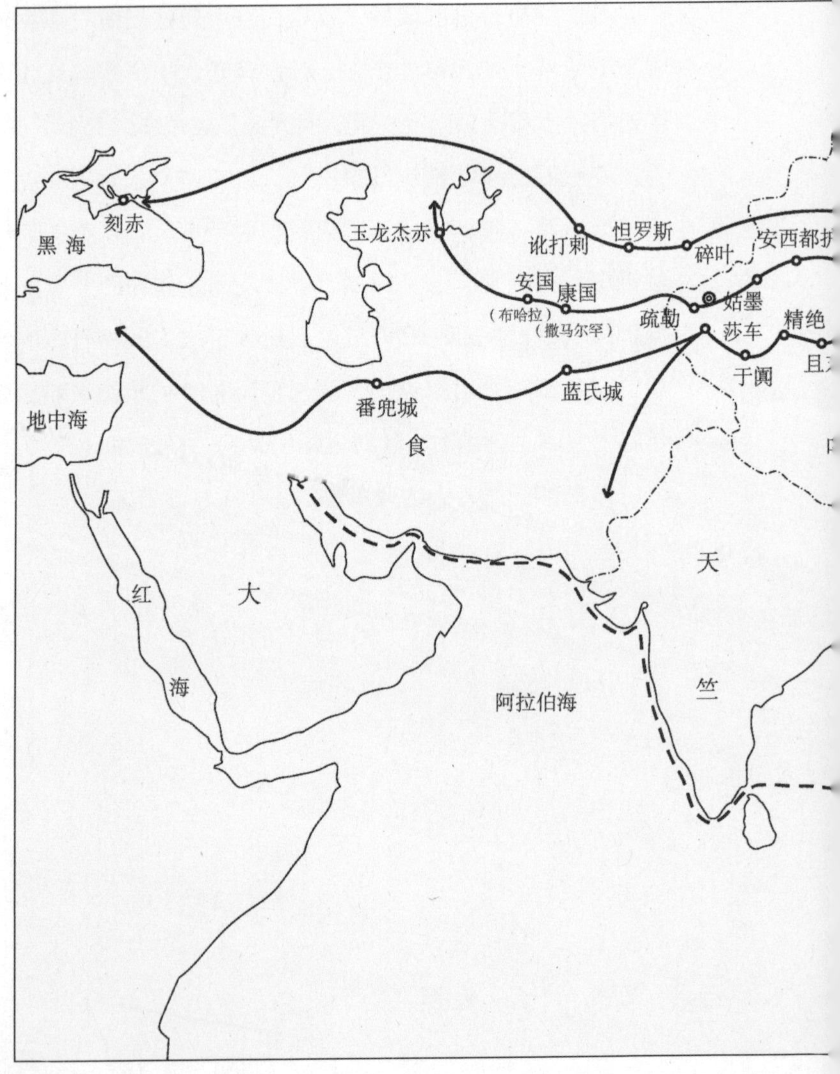

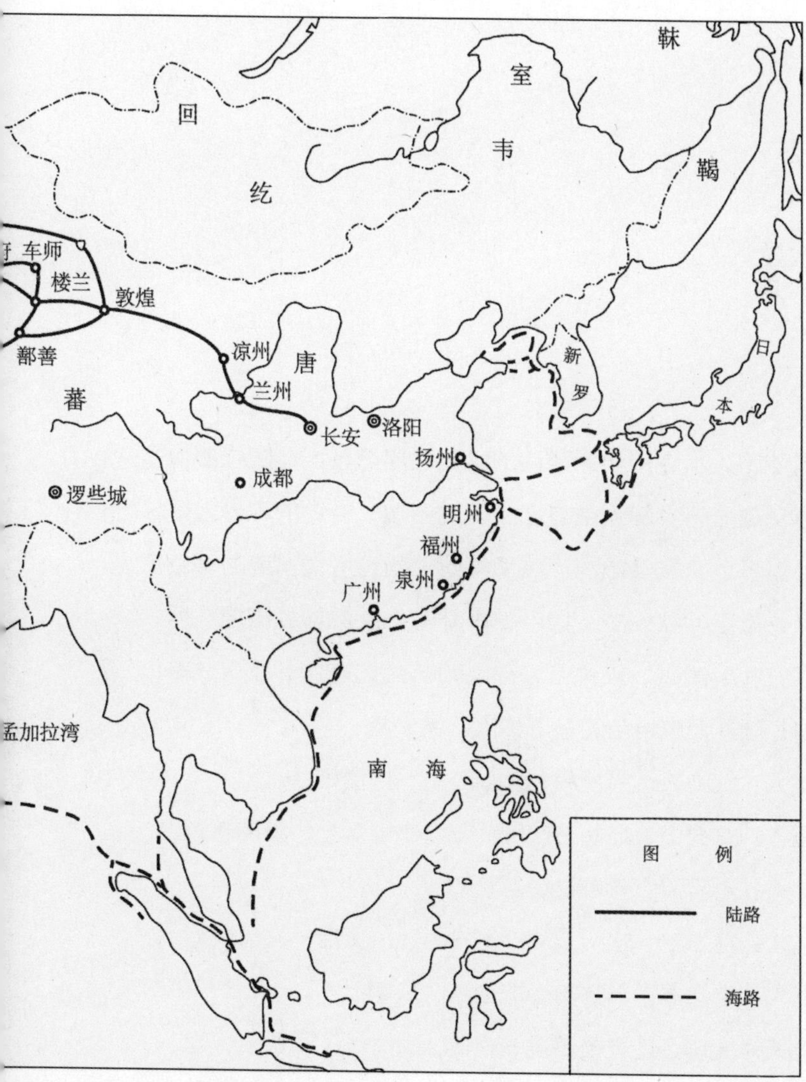
鞅
室
韦
回
纥
鞨
车师
楼兰
敦煌
鄯善
凉州
唐
兰州
蕃
长安
洛阳
新
罗
日
本
扬州
成都
逻些城
明州
福州
泉州
广州
孟加拉湾
南
海
图
例
陆路
海路

大唐灭亡

当沙陀人李克用作为最后的番将粉墨登场时，围绕混血的李唐皇族这个实际上或者名义上的主角，历史的舞台上早就已经有各色人友情出演。除了其他王朝也可能出现的谏臣如魏徵，重臣如狄仁杰，权臣如李林甫，外戚如杨国忠，酷吏如索元礼、周兴、来俊臣，诗人和艺人如李白、杜甫、李龟年等，最具大唐特色的是五种人。他们是——

女人：武则天、韦皇后、太平公主、杨贵妃；

胡人：安禄山、高仙芝、哥舒翰、李光弼、仆固怀恩；

军人：封常清、郭子仪、各藩镇；

阉人：高力士、吐突承璀、王守澄、仇士良；

党人：牛僧孺、李宗闵、李德裕、郑覃。

上天对大唐，还真是不拘一格降人才。

演出可以分为上下场，分界点则是安史之乱。杨贵妃演完言情剧和悲情剧以后，女人就没戏可唱，占据舞台中心的是割据的藩镇、乱政的宦官和内讧的朝臣。当然，胡人是贯穿始终的。别忘了，长孙无忌至少是半个胡人，何况还有鲜卑将军尉迟敬德和突厥王子阿史那社尔。

四种人的关系错综复杂，有角逐也有勾连，有斗争也有和解，各自也都有进退和消长，还有轮流坐庄。这就形成了一种动态的平衡。在这种态势下，中晚唐的皇帝一方面被他们摆布架空，另方面又变得更加不可或缺。帝国大厦没有因为安史之乱而坍塌，原因之一就在于此。

然而藩镇、外朝和内廷的关系，本质上是明争暗斗和相互钳制的。包括添乱的胡人在内，没有哪一种力量能够代表历史前进的方向。因此，在这停滞不前的时代，打破僵局就只能靠体制外对现状极为不满的人——处于社会底层，深受战乱和盘剥之苦的士兵和农民。他们是第六种人。[47]

第六种人的代表是黄巢。

黄巢的名字许多人都耳熟能详，至少知道大唐其实是被他颠覆的。事实上，从揭竿而起到兵败自杀，黄巢战斗了整整十年，远远超过从安禄山到史朝义的总和。兵锋所至则几乎扫荡了大半个中国，破坏程度也远非安史之乱可比。

说他是王朝的掘墓人，应该没有问题。

但，要描述和评价这个历史人物，却很难。也许在不少人眼里，他是行侠仗义的好汉、改天换地的英雄，至少失败之后死得像个爷们。僖宗中和四年（884）六月十五日，黄巢打完最后一仗，已是走投无路。两天后，他对自己的外甥兼

◎黄巢之乱示意图

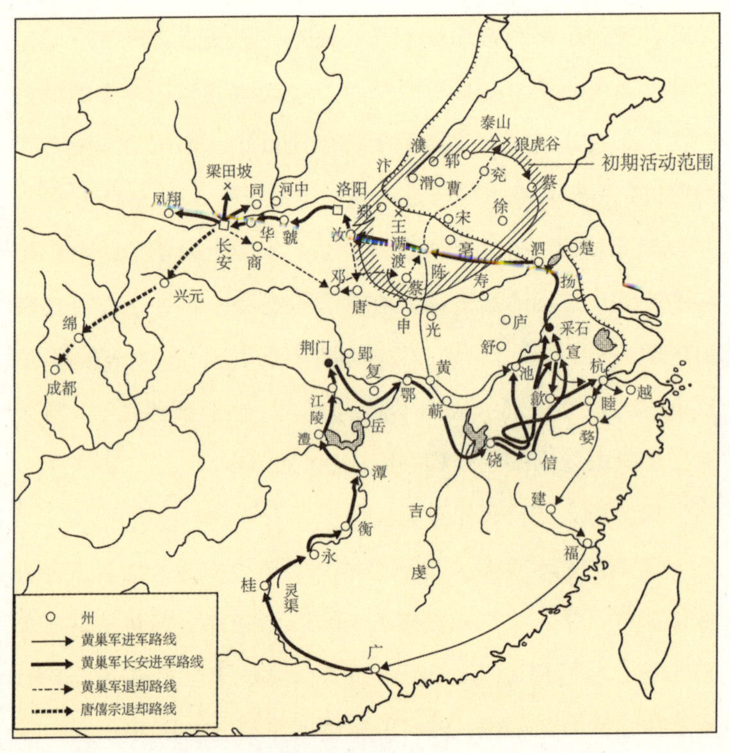

据气贺泽保规《绚烂的世界帝国》第153页。

部将林言说：我本想洗干净这污浊的世界，没想到一败涂地如此。把我的头砍下来领赏去吧，不要便宜了别人。

林言于心不忍，黄巢竟拔刀自刎。[48]

这就让人刮目相看。实际上，就连官修史书也承认，黄巢并非不得人心。至少，他第一次进入长安城的时候，便没有遭遇像样的抵抗，反而受到某种程度的欢迎。在僖宗皇帝效法玄宗仓皇出逃奔赴成都之后，长安市民涌上街头，夹道围观了反政府军既声势浩大又不伦不类的入场式。[49]

黄巢很满意，他的副手则告诉大家：黄巢大王是来拯救世界的，不像李唐家的只知道欺负老百姓。手下的将士们也响应号召，争先恐后将随身携带的财物送给贫困家庭。[50]

如果得人心者得天下，黄巢应该成功。

然而王朝时代臣民对待改朝换代的态度，从来就像春天的气候一样可疑。四个月后，黄巢战败撤离长安，长安市民又欢天喜地迎接官兵。他们有的用砖头瓦块参加战斗，有的捡起地上的箭送给政府，一个个忙得不亦乐乎。[51]

黄巢的爱民和扶贫简直自作多情。

恼羞成怒的黄巢决定报复。五天后他重返长安，便纵兵抢劫杀戮。据说，当时罹难的平民多达八万之众，以至于尸骨成山血流成河，黄巢却称之为“洗城”。[52]

洗干净污浊的世界，难道要用血么？

但，我们很难判断官修史书对黄巢的记录，有没有言过其实甚至污蔑诽谤之辞。何况就算是事实，仍然有成千上万的下层民众死心塌地无怨无悔地跟着那“恶魔”。这又说明什么呢？只能说明当时的帝国政府比恶魔还要恶魔。[53]

事实也是如此。讨伐黄巢的政府军进入长安之后，竟然纷纷冲进各家各户，抢劫财物，奸污妇女。市面上那些小混混也扮作官兵，趁火打劫，大发国难财。这样看来，跟着政府军打黄巢的，才真是开门揖盗，才真是自作多情。[54]

也许，首善之区的长安市民并不知道，官逼民反早在黄巢之前就已发生。唐懿宗咸通十年（869）六月，陕州（今河南省陕县）大旱。老百姓向地方官报告，该官员却说：树上不是还有叶子吗，哪来的旱灾？然后把报告灾情的人痛打了一顿。民众忍无可忍，将这个地方官驱逐。这家伙狼狈逃窜到老百姓家，讨口水喝，得到的却是尿液。[55]

官民关系恶劣到这个程度，不反才怪！

帝国的政府和官员却不知反省，继续自欺欺人。唐僖宗乾符二年（875）七月，大批蝗虫遮天蔽日飞到京畿，所到之处全部变成赤野。京兆尹（首都市长）却报告说：蝗虫来到天子脚下就不吃庄稼，自己抱着荆棘而死。

这是什么狗屁父母官！

皇帝却信以为真，宰相也上表道贺。[56]

老实说，官僚机构腐朽如此，执政集团昏聩如此，再不垮台真是天理难容。事实上就在一年前，濮州（今山东省鄄城县）的王仙芝便已发起暴动。生活在今天山东省菏泽市的黄巢参加这支起义军，则正在一个月前。只不过后来王仙芝战死，黄巢接过了旗帜把事业做得更大。

这里面当然还有更深层的原因——黄巢和王仙芝都是贩卖私盐的人，官方说法叫“盐贼”。盐贼其实是盐商，只因为帝国实行食盐专卖制度，他们才被看作“贼”。

那么，要国家垄断经营，还是民间自由贸易？

老百姓选择了后者。因为官盐价格高、质量差，王仙芝和黄巢们的私盐则物美价廉。我们知道，盐，是每个人每天都要吃的，是必需品而非奢侈品。国家既然不能靠优质产品和良好服务来竞争，私盐的贩卖就只可能屡禁不止。

何况鱼有鱼路虾有虾路。老百姓不愿意做冤大头，盐贩子也有自己的销售渠道和网络。他们甚至会像回鹘那样为了商业利益，建立起武装力量。这种涉嫌黑社会的地下组织和私人武装，由于能给民众带来实际上的好处，其实是受到暗中保护和支持的。同样，当黄巢代表苦难的底层人民为生存而战斗时，起义军就会像滚雪球似的发展壮大。[57]

可惜黄巢的起义部队斗不过沙陀的乌鸦兵团，也无法保证自己内部不出叛徒。乌鸦兵团的统帅就是李克用，叛徒则是朱全忠（又叫朱温、朱晃）。叛徒是靠不住的。朱全忠能背叛黄巢，当然也能背叛大唐，而且不会有心理障碍，只不过是在他羽翼丰满，成为最大的藩镇之后。[58]

开平元年（907）四月，朱全忠称帝，国号梁。

大唐灭亡，五代十国开始。

后梁太祖朱全忠的夜光杯里飘出了酒香，但那红酒是鲜血酿成的。之前，他已经杀掉了几乎所有的宦官，以及权臣崔胤、皇帝昭宗和李唐宗室。最后杀朝中士大夫时，他身边那个在科举考试中一再名落孙山的幕僚阴狠怨毒地说：这些人总是以清流自居，不如把他们扔进黄河变成浊流。

朱全忠笑着接受了这一建议。[59]

巨大的疑问也在浪中升起：强盛的世界帝国和璀璨的世界文明，难道就从此付诸东流了吗？在那“长河落日圆”的时刻，哗啦啦的黄河水又会告诉我们什么呢？

第五章
唐诗精神

李白一斗诗百篇，
长安市上酒家眠，
体现出的正是大唐精神和大唐梦——
在社会安定、国家富强和对外开放的前提下，
每个人张扬个性和追求幸福的无限可能。

盛唐气象

唐玄宗天宝年间，有位贵妇人身着男装骑在马上，带领一众人等前往曲池踏青。此行虽然在正史中并没有留下文字记载，却被诗人和画家记录在案。看来，这件事在长安恐怕也轰动一时，甚至成为街头巷尾茶楼酒肆的谈资。[1]

这位贵妇就是虢国夫人。

虢国夫人是大名鼎鼎之杨贵妃的姐姐，当时的流言蜚语似乎暗示她跟唐玄宗关系暧昧。此事当然死无对证，称她为绝代佳人则不成问题，因为她即便拜见皇帝也素面朝天。杜甫的诗就说：虢国夫人承主恩，平明上马入金门。却嫌脂粉涴颜色，淡扫蛾眉朝至尊。涴读如卧，污染的意思。化妆品只会破坏容颜，可见其天生丽质国色天香。[2]

所谓盛唐气象，也能从中看出一二了。

◎《虢国夫人游春图》

《虢国夫人游春图》，唐代画家张萱所绘，此图再现了杨贵妃的三姐虢国夫人及其眷从盛装出游的景象。现藏辽宁省博物馆，为北宋时代的摹本。

三月三日天气新，长安水边多丽人。态浓意远淑且真，肌理细腻骨肉匀。

——杜甫《丽人行》

◎骆驼载乐俑

中国国家博物馆藏。

唐三彩骆驼载乐俑，出土于西安一座建造于公元723年的陵墓。根据一些乐工的衣饰、胡须和面部轮廓，可断定他们来自中亚。唐朝的陵墓常用陶俑陪葬。陶俑多用中亚男人，包括乐工和照管马或骆驼的人。这些陶俑说明了唐代士族对中亚音乐和商队的喜爱。

◎陶打马球俑

陕西历史博物馆藏。

唐代马球运动，不仅在帝王与文武百官之间流行，还普及于民间，甚至妇女也成了马球活动的参与者。

的确，用枯燥的统计数字来证明安史之乱前的大唐处于极盛时期，是困难和没有意义的。正如一位学者所说，盛世更多的是一种国民心态，一种集体无意识的满足感，一种物质充盈和人身安全前提下的内心宁静和骄傲自豪，以及无处不在可以触摸的繁荣昌盛、青春活力和雍容华贵。[3]

盛唐，确实是一种气象。

气象无疑首先表现于城市规划和建筑。正如我们在《隋唐定局》一卷中所说，唐代长安和洛阳的气势恢宏，已经超出了现代人的想象，也让后世自愧不如。明清两代最有鉴赏力的人甚至能够一眼看出，哪些城市是唐代所建，哪些是宋和宋以后的：唐的城廓一定宽广，街道一定正直，基址一定宏敞，绝不会有哪怕一丁点儿小家子气。[4]

可惜再好的复原图和沙盘，也无法真正再现当年，可以一睹芳容的只有壁画和雕塑。尤其是被称为唐三彩的那些工艺品，不但可观赏，而且可把玩。它们是那样地巧夺天工和生机勃勃，那造型，那光泽，那釉彩，本身就是气象。

何况它们还是一个辉煌时代的真实缩影。在一件西安出土的作品中，骆驼上的乐工很明显地来自中亚；另外一尊陶俑则告诉我们，热爱运动的打马球女人是多么地引人注目和受到欢迎。总之，所有这些栩栩如生的雕塑艺术，都在讲述着当时的中国人如何在亚洲创造了英雄般的史诗。[5]

唐诗就更是如此。

诗歌之于唐（其实还有宋）意义非凡。它绝不仅仅只是某种文学样式，更是生活方式，以及一个绅士或者上层人物的身份象征。因此，就连身为女人如武则天，非进士出身如李德裕，也会写诗。而且如我们所知，写得还不错。

读诗、唱诗和听诗的人就更多。同样如《隋唐定局》中所说，那是一种风气、潮流和时尚，是市井小民和青楼女子都要参与其事并乐此不疲的。这就极大地提高了唐人的生活质量和审美品位，使他们变得风流倜傥，就连牢骚也发得对仗工整漂亮潇洒：不才明主弃，多病故人疏。[6]

但，最能体现大唐精气神的，却是一首《菊花》：

待到秋来九月八，我花开后百花杀。
冲天香阵透长安，满城尽带黄金甲。[7]

没错，这是黄巢的诗。

据说，是落第后所写。

这很有可能。唐代科举，正月考试，二月放榜，及第的进士“春风得意马蹄疾，一日看尽长安花”，只可惜没有黄巢的份。好嘛！你不让我戴大红花，那我就披黄金甲；不让使用批判的武器，那就实施武器的批判。咱们秋后算账！

事实上，黄巢正是坐着金色马车进入长安的，他的部队也让黄金之甲满城尽带。但，如果把这首诗仅仅看作发牢骚或者图报复，却未免失之简单。相反，这里面体现出的恰恰是大唐精神和大唐梦——在社会安定、国家富强和对外开放的前提下，每个人张扬个性和追求幸福的无限可能。

唐诗就是这种精神的最好诠释。

比如李白。

李白无疑是唐诗的代表。但，不代表艺术成就，只代表时代精神。要论艺术成就，则唐诗不如宋词，初盛唐不如中晚唐。唐诗的文学史意义，在于格律诗的发明和成熟；而要论平仄、对仗、用典、吐属和意象，没人超过李商隐：

> 锦瑟无端五十弦，一弦一柱思华年。
> 庄生晓梦迷蝴蝶，望帝春心托杜鹃。
> 沧海月明珠有泪，蓝田日暖玉生烟。
> 此情可待成追忆，只是当时已惘然。[8]

这首诗基本上是无解的。没人知道他说的是什么，或者想要说什么。是啊，当时便已惘然的，又如何追忆？但如不追忆，又岂知当时惘然？可见问题不在可说不可说，而在怎么说。把不可说的说得声声入耳，正是李商隐的魅力。

李白却不是这样。

与字字珠玑的李商隐不同，也与工于格律、被后人视为典范的杜甫不同，李白基本上是想怎么说就怎么说，爱怎么说就怎么说，完全是兴之所至，汪洋恣肆，比如：

弃我去者，昨日之日不可留；
乱我心者，今日之日多烦忧。[9]

又如：

君不见，黄河之水天上来，奔流到海不复回。
君不见，高堂明镜悲白发，朝如青丝暮成雪。
人生得意须尽欢，莫使金樽空对月。
天生我材必有用，千金散尽还复来。[10]

显然，这里面没有什么谋篇布局、遣词造句，只有随心所欲的痛快淋漓，脱口而出的波澜壮阔。实际上李白的诗句不少口气吓人，这会儿要捶碎黄鹤楼，倒却鹦鹉洲，过会儿又恨不得把一江春水都变成好酒：遥看汉水鸭头绿，恰似葡萄新酦醅（读如坡胚）。明明是些大话、疯话、牛皮话，但他自己乐意说，别人也乐意听，还百听不厌。[11]

这才是盛唐气象。

实际上在安史之乱前，大唐是相当包容的，既容得下武则天这样的女人，也容得下安禄山那样的胡人，当然更加容得下李白一类的狂人。看看杜甫笔下的酒仙群体吧：汝阳三斗始朝天，道逢曲车口流涎，恨不移封向酒泉。宗之潇洒美少年，举觞白眼望青天，皎如玉树临风前。[12]

李白当然更不含糊。在一次朋友的家宴上，他大大咧咧豪气干云地对主人说：喝喝喝！干吗告诉我酒钱不够？你不是还有五花马吗？你不是还有千金裘吗？快快快，把你儿子叫出来，拿这些东西去换酒，我们今天一醉方休！[13]

如此反客为主，已近乎无赖。然而在朝气蓬勃百无禁忌的盛唐，这种无赖由于真实、率性、毫不做作，也是讨人喜欢的。因此，李白可以公然声称自己“十五好剑术，遍干诸侯；三十成文章，历抵卿相”，简直就是横着走路，豪迈得差点就会吼出“满城尽带黄金甲”来。[14]

就这样，李白鲜活地成为时代的形象代言人。

杜甫也是。

多样与统一

李白无拘无束，杜甫忧国忧民。

杜甫似乎是带着悲悯情怀降临人世的，因此对苦难的体验超过了同时代人。唐肃宗至德元载（756）冬，大唐政府军与安史叛军在长安西北的陈陶作战，几乎全军覆没。困在京城的杜甫得到消息，悲痛欲绝地写下了这样的诗句：

孟冬十郡良家子，血作陈陶泽中水。
野旷天清无战声，四万义军同日死。[15]

这是比《春望》更为沉重，也更有分量的作品。没有煽情的语言，只有如实的记录：寒冬腊月，十郡子弟，四万青年，同日而死，还有比这更惊心动魄的吗？没有。

难怪野旷天清，鸦雀无声。

但，此时无声胜有声。

悲声从心底发出，穿越千年时空直指人心，让我们至今读来仍不免震撼和颤栗。是啊，历史上有过太多战争，也有过太多死难。但是，又有多少人为那些陌生的亡灵，写过如此沉痛和肃穆的墓志铭呢？也就是杜甫吧！

这是一种人道主义情怀。正是这情怀，让杜甫对底层人民的遭遇充满同情。那生离死别的新婚夫妇，那相依为命的老年伴侣，那无家可别的孤独征夫，都让他揪心。也正是这情怀，使他在唐玄宗感觉良好，杨国忠粉饰太平时，敏锐地看出了社会的不公：朱门酒肉臭，路有冻死骨。[16]

情怀是真诚的，关切也是实在的。杜甫客居夔州（夔读如魁，今四川省奉节县）时，有位寡妇常到他门前打枣，杜甫也听之任之。后来，草堂为侨居的晚辈姻亲借用，新房客就筑起了篱笆。杜甫听说，便请那年轻人网开一面：

堂前扑枣任西邻，无食无儿一妇人。
不为困穷宁有此？只缘恐惧转须亲。[17]

照理说，杜甫可以不管这件事。毕竟，那只是一个非亲非故的邻居。然而唯其如此，才更需要将心比心。体贴入微的诗人甚至注意到，那无助的老妇每次来打枣时，其实是惴惴不安的；而一贫如洗的她，竟仍是官府征收的对象。

是的。已诉征求贫到骨，正思戎马泪盈巾。人民的生活早就水深火热，连天的战火却在继续燃烧，个体命运就这样跟天下的兴亡联系起来。杜诗被称为诗史，并不为过。

难得的是，杜甫对历史的记录并非宏大叙事，而是落到了具体的人物和事件，甚至不怕家长里短。唐肃宗至德二载（757）闰八月，诗人从今天的陕西省凤翔县回到富县的羌村家中，心情既欢快又沉重：峥嵘赤云西，日脚下平地。柴门鸟雀噪，归客千里至。邻人满墙头，感叹亦歔欷。娇儿不离膝，畏我复却去。没有一句不是实实在在的生活。[18]

看来，如果说李白纵情释放着心理能量，那么，杜甫便触动了人心最柔软的地方。那善解人意的邻居，渴望父爱的幼子，还有“夜阑更秉烛”的场景，谁不为之感动呢？唐诗通常被认为是不可翻译的，但这几句应该是例外。

这样的诗，王维就不大可能写。

自称“晚年惟好静，万事不关心”的王维，对自然界却充满感情。在他眼里，每一条溪流都有生命，每一朵野花也都有故事，空无一人的山林更是充满情趣。就连水中白鹭被溅落的浪花惊起，又安详地飞回原处，都让他欣喜。[19]

王维是大自然亲切的画家。

的确，王维总是能够把诗和画融为一体，而且不乏大气磅礴之作：江流天地外，山色有无中。大漠孤烟直，长河落日圆。毕竟，作为盛唐诗人，气度几乎是必需的。[20]

◎王维《伏生受经图》

该图原为宋内府秘物，《宣和画谱》著录，南宋高宗题“王维写济南伏生”，钤“宣和中秘”印。绢本设色长卷，现藏日本大阪市立美术馆。

但，最耐读的，还是那些绘画小品般的五绝：

木末芙蓉花，山中发红萼。
涧户寂无人，纷纷开且落。[21]

这是一组空镜头（scenery shot）。寂静的山涧旁，辛夷花悄悄开放又凋谢着。但，没人知道是热热闹闹地开，纷纷扬扬地落；还是委委屈屈地开，凄凄惨惨地落。不过作为盛唐之音，不会是陆游笔下的梅花：已是黄昏独自愁，更著风和雨。多半，是旁若无人地开，满不在乎地落。[22]

所谓禅意，也就在这里了。

王维是信佛的，曾皈依荷泽神会禅师，还为六祖惠能写过碑铭。因此他的许多作品，便既是诗也是禅：

人闲桂花落，夜静春山空。
月出惊山鸟，时鸣春涧中。[23]

此诗可与前首并读。前一首写动，这一首写静；前一首写白天，这一首写夜晚。春夜里，空山一片寂静，桂花落地无声。早已憩息的山鸟却被悄然升起的明月惊醒，莫名其妙地叫了起来，一会儿响起一声，过会儿又响起一声，反倒更加显得万籁俱寂。这可真是此时有声胜无声。

然而禅之为禅，正在自然。所以，尽管辛夷花开得蓬蓬勃勃甚至欢天喜地，却是没有声音的，正如有着鸟鸣的画面其实静止。对立的双方就这样相互契合，一切也都在有意无意之间。这样看来，追问意义其实没有意义，追问动机就更是不必，倒不如鸟宿鸟鸣都自在，花开花落两由之。

这就是禅。

王维也因此获得了“诗佛”的称号，正如李白和杜甫被分别称为“诗仙”和“诗圣”。但，盛唐最有成就的三位诗人恰恰对应着儒释道，却未必是巧合。实际上，隋唐两代的国家意识形态是混合型的，不但儒法并用，而且兼容释道。统治者并不拘泥于某一家的思想，反倒更乐意各取所需为我所用。

开明的态度和开放的政策，造就了文学艺术的生机勃勃和百花齐放。丝绸之路则不但让长安胡商云集，也把这座城市变成国际化大舞台。西域的胡旋舞，中亚的柘枝舞（柘读如这），印度的婆罗门曲，都在这里风靡一时，成为皇家与民同乐的保留节目。这些盛大场面记录在敦煌壁画中，显示出的打击、弹拨、吹奏、拉弦等乐器多达四十余种。[24]

无所畏惧无所顾忌地引进和吸取，无所束缚无所留恋地创造和革新，这就是盛唐气象的思想基础。各色人等无论汉胡男女都可以轮番上阵，各种声音无论清浊雅俗都可以竞相

◎伎乐图

莫高窟第 45 窟北壁。

◎ 菩萨伎乐壁画

莫高窟第 445 窟，盛唐时期。

争鸣，这就是盛唐气象的社会氛围。[25]

因此，新的文明也一定是多样而又统一的。多样，是因为不同的人可以有不同的选择；统一，则因为同时代人会有相同的感受。山随平野尽，江入大荒流。星垂平野阔，月涌大江流。你能一眼看出都是谁写的吗？

前两句是李白的，后两句是杜甫的。[26]

那么，挽弓当挽强，用箭当用长；射人先射马，擒贼先擒王。这四句，又是谁的？

杜甫。[27]

这并不奇怪。实际上，都护军书至，匈奴围酒泉，边境战争从来就是唐诗的主题之一，建功立业也从来就是唐人的向往。盛唐有如强汉，少有文弱书生，诗人们至少在精神上是豪雄的。所以就连王维，也不会只看风景。李白、杜甫和其他人，更会将目光部分地投向边塞，投向战场。[28]

但，边塞诗的代表，当首推岑参。

怛罗斯

岑参被称为“诗雄”当之无愧，他的诗确实充满阳刚之气：轮台九月风夜吼，一川碎石大如斗，随风满地石乱走。将军金甲夜不脱，半夜军行戈相拨，风头如刀面如割。虏骑闻之应胆慑，料知短兵不敢接，车师西门伫献捷。[29]

这实在是豪雄之极。

豪雄与性格有关，更与经历有关。进士及第的岑参曾两次出塞，先后在安西四镇节度使高仙芝、安西北庭节度使封常清手下任职，足迹远至今天新疆维吾尔自治区的吉木萨尔和库车县，最近处也到了甘肃武威。唯其如此，他才写得出这样铿锵有力扣人心弦的诗句：北风卷地百草折，胡天八月即飞雪。将军角弓不得控，都护铁衣冷难着。[30]

这是西北重镇和军旅生涯的真实写照。

同样，也只有亲历者才会道出边防军的特殊感受：

故园东望路漫漫，双袖龙钟泪不干。
马上相逢无纸笔，凭君传语报平安。[31]

的确，西域山高路远，征战前途未卜，回家的日子遥遥无期，平安书信当然弥足珍贵。但，边防将士却并非都是强征入伍，自愿从军的也不乏其人，这又是为什么呢？

高适回答了这个问题：

汉家烟尘在东北，汉将辞家破残贼。
男儿本自重横行，天子非常赐颜色。[32]

这是真实的心理。如前所述，大唐是一个好舞台，为各色人等提供着自我实现的多种可能性，远赴边疆建立军功便是其中之一。那里固然火山炙热，冰河寒彻，却也有浓郁的异国情调，多情的外族姑娘，旦夕可至的扬名机会，一马平川的广阔疆场，确实能让热血男儿跃跃欲试摩拳擦掌。

更重要的是：天子非常赐颜色。

事实上，从太宗到玄宗，包括女皇的时代，成为世界中心就一直是帝国的梦想。有此梦想也不奇怪。因为长安和罗马一样，都曾经是世界首都，只不过一个是东方的，另一个是西方的。因此，尽管罗马再也回不到从前，却不等于长安的新主人不可以再造辉煌，尤其是在重归一统之后。

奖励边功，也就成了题中应有之义。

结果是大唐雄辩地证明自己不输于两汉。在王朝最强盛的时期，太宗皇帝的继承者们成功地将伊犁河流域以及今天哈萨克斯坦境内的巴尔喀什湖（Balkhash）、吉尔吉斯斯坦境内的伊塞克湖（Issyk-Kul）和托克马克（Tokmok，碎叶）都置于掌控之中。据说，李白就出生在那里。

但是到唐玄宗天宝十载（751），情况就变了。

说起来这也是帝国最沮丧的一年，三员大将几乎一齐在前方遭遇失败：剑南节度使鲜于仲通在云南败于南诏，东北三镇节度使安禄山败于契丹和奚人。至于另一场败仗，则应由岑参曾经的顶头上司安西四镇节度使高仙芝负责。[33]

这就是著名的怛罗斯战役（Battle of Talas）。

怛罗斯（怛读如答）的准确位置已无法确定，一般认为在今天哈萨克斯坦江布尔城。这虽然算不上世界大战，意义却是世界性的。交战双方是当时的两个超级大国——大唐和阿拉伯帝国，卷进来的则是夹在当中的大小城邦。

显然，这里面有着错综复杂的民族和国际关系。简单地说，就是吐蕃和阿拉伯帝国都对丝绸之路的某些必经之地表现出强烈的占有欲，尽管那里是大唐的势力范围，当地人民也更愿意接受大唐的保护，成为中华帝国的藩属。

吐蕃和阿拉伯却咄咄逼人。前者一度让大唐失去了安西四镇，二十二年后才被武则天收回。阿拉伯帝国则在征服波斯帝国之后，又把前沿阵地延伸到布哈拉和撒马尔罕，而且进军塔什干（Tashkent），骚扰费尔干纳（Fergana）。[34]

这就只能武力解决了。

◎甲胄仪卫图

据陕西礼泉县唐代长乐公主墓墓道东壁壁画所绘。

天宝六载（747）七月，兵分三路的高仙芝部一万骑兵会师今天阿富汗境内的连云堡，然后乘胜追击，生擒小勃律王和他的吐蕃王后，让青藏高原的极西地区重归大唐。创立奇功的高仙芝，也因此被任命为安西四镇节度使。[35]

不过，高仙芝立了功，也惹了事。天宝九载（750）十二月，他以签订和约的名义诱骗塔什干（石国）国王，从而使后者成为自己的战俘。破城之日，高仙芝还屠杀了当地的老弱病残，并把大量战利品用骆驼运回了家中。

石国王子逃到其他城邦，向粟特同胞控诉高仙芝的背信弃义，所到之处一片怒火。于是，这些原本依附于大唐的印欧语系民族，决定请阿拉伯人来主持公道，这当然是后者求之不得的。刚从白衣大食（伍麦叶王朝）变成黑衣大食（阿拔斯王朝）的阿拉伯帝国派出了他们在中亚的部队，高仙芝则率领远征军深入七百里迎战，怛罗斯战役因此打响。

两军相持五天之后，戏剧性的变化发生了。高仙芝带来的铁勒同盟军临阵倒戈，与阿拉伯武士一起夹攻唐军。猝不及防的高仙芝一败涂地，大批将士不是阵亡就是被俘，就连随军的造纸工匠也被胜利者顺手牵羊带回了伊拉克。[36]

阿拉伯人从此掌握了造纸术。

大唐却丢失了抵抗东进势力的边防前哨，只得将中亚的控制权拱手相让。四年半以后，安史之乱爆发，高仙芝和他

◎恒罗斯之战示意图

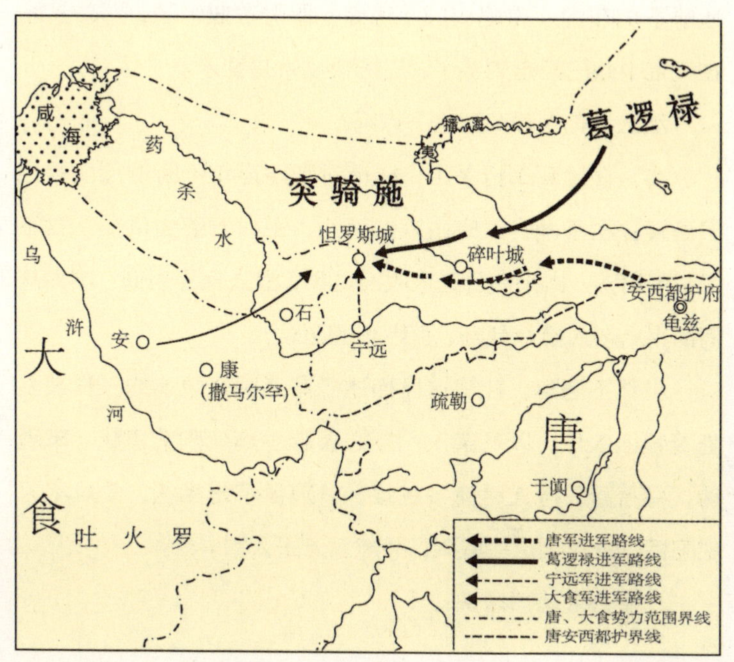

的亲密战友封常清被杀，再也回不到那片绿洲。

恒罗斯变成了东方滑铁卢。

这是一个转折点。从此，伊斯兰文明在中亚和西域的影响力越来越大，大唐却节节败退步步紧缩。到唐德宗贞元六年（790）秋天，就连准噶尔（北庭）和塔里木（安西）也都彻底失联，成为已非长安可以羁縻的断线风筝。

历史不能假设，因此无法断定如果没有安史之乱，大唐还能不能在中亚重建权威。也许，作为农业帝国，对外扩张在天宝十载已经走到头了，三场败仗就是警示。

那么，有人意识到这一点吗？

有。在《兵车行》中，杜甫对帝国连年不断的征伐提出了质疑：君不闻，汉家山东二百州，千村万落生荆杞。君不见，青海头，古来白骨无人收。是啊，没人从事生产，国力从何而来？亲人暴尸荒野，百姓难道愿意？

当然不愿意。杜甫这样描述了普通民众像鸡狗一样被驱赶着强征入伍，以及亲人们撕心裂肺生离死别的惨状：车辚辚，马萧萧，行人弓箭各在腰。爷娘妻子走相送，尘埃不见咸阳桥。牵衣顿足拦道哭，哭声直上干云霄。[37]

于是诗人悲愤地说：

边庭流血成海水，武皇开边意未已。[38]

这就几乎是指名道姓的批判了，表现出的正是人道主义和现实主义精神。事实上，伟大作品的背后，总是横卧着人类亘古的苦难。真正的诗人，也总是时代敏感的神经。杜甫的《兵车行》有可能写于天宝十载，他的《丽人行》则应该写于十二载。等到十四载冬天，他喊出“朱门酒肉臭，路有冻死骨”时，渔阳鼙鼓便终于惊破了霓裳羽衣曲。[39]

唐诗就这样成为唐史。

同样，杜甫也成为另一个时代的代言人，尽管通常都认为他属于盛唐。但，杜甫的盛唐已不同于李白。他开辟的道路则将由新的群体继续前行，并创造出新的局面来。

新的诗风

杜甫的贡献在七律。

七律是格律诗的一种，在后世更是常用的一种。但在初唐和盛唐，诗人们更喜欢的是古体，比如李白和岑参；或者五绝和五律，比如孟浩然和王维。王昌龄的名作更清一色都是七绝，包括我们耳熟能详的“秦时明月汉时关”和“一片冰心在玉壶”。创作七律的也有，却乏善可陈。

让事情发生变化的，是杜甫。

杜甫当然是全才。他的五古如《羌村三首》，七古如《饮中八仙歌》已于前介绍，其余则五律如《春夜喜雨》（好雨知时节），五绝如“泥融飞燕子，沙暖睡鸳鸯”，七绝如“正是江南好风景，落花时节又逢君”，也全都脍炙人口。[40]

但真正超越了前人的，还是他的七律。

比如《登高》：

风急天高猿啸哀，渚清沙白鸟飞回。
无边落木萧萧下，不尽长江滚滚来。
万里悲秋常作客，百年多病独登台。
艰难苦恨繁霜鬓，潦倒新停浊酒杯。

这是被称为古今七律之冠的作品，因为不但完全符合格律，而且做到了极致：一篇之中，句句皆律；一句之中，字字皆律，简直就是既可以学习又无法企及的范本。[41]

也许，必须稍微讲点这方面的知识。

跟所有格律诗一样，七律最重要的是平仄。平，大体上是现代汉语中的阴平和阳平。仄，则是上声（上读如赏）和去声，再加古代的入声。入声后来音调变化，分流到了其他三声。所以，某些现在读平声的字，比如发、七、出，也是仄，因为在古代是入声。

一句当中，第二个字与第四个字，第四个字与第六个字都要平仄相反。句子之间的平仄要求叫粘对。粘就是相同，对就是相反。一首诗当中，第一句和第二句要相反，否则叫失对。第三句和第二句的第二字要相同，否则叫失粘。依此类推。不过，韵脚的字，平仄是一样的。[42]

符合要求，又怎么样呢？

就会错落有致。因为字与字，句与句，都是相反之后又相同，相同之后又相反，读起来特别好听。

这是音乐之美。

平仄之外是对仗，包括名词对名词，动词对动词，副词对副词，形容词对形容词。比如杜甫的“片云天共远，永夜月同孤”，就是每个字都对上了，可称工对。[43]

这是文学之美。

词性要相同，平仄要相反，这当然很难。但，由于我们这个世界原本充满了矛盾，对仗的使用便可能因为张力而产生奇效，比如“战士军前半死生，美人帐下犹歌舞”，或者“此日六军同驻马，当时七夕笑牵牛”。[44]

至于七律，也有它的优越性：七言较之五言，八句较之四句，空间更大，余地更多，可以游刃有余地起承转合，尽管难度也因此更大。所以中唐以后，七律便佳作频出，金句迭现。比方说，刘禹锡的“沉舟侧畔千帆过，病树前头万木春”，许浑的“溪云初起日沉阁，山雨欲来风满楼”，以及李商隐的“身无彩凤双飞翼，心有灵犀一点通”。[45]

当然，更多的名句应该还是出自七绝。比方说，韦应物的“春潮带雨晚来急，野渡无人舟自横”，韩愈的“天街小雨润如酥，草色遥看近却无”，元稹的“曾经沧海难为水，除却巫山不是云”，以及白居易的“一道残阳铺水中，半江瑟瑟半江红。可怜九月初三夜，露似真珠月似弓”。[46]

杜牧就更是堪称七绝之王，他的许多佳作恐怕是必须整首照录的：银烛秋光冷画屏，轻罗小扇扑流萤。天阶夜色凉如水，坐看牵牛织女星。这实在让人爱不释手，更不用说“停车坐爱枫林晚”和“牧童遥指杏花村”了。[47]

七言和律绝成为主流，已是趋势。

这当然有原因，有道理。五绝太短，不能尽兴，长歌又不便于记忆。包括张若虚《春江花月夜》那样的名作，也没有多少人背得下来。真正流传千古的，恰恰是那些明白如话让人一见倾心的七绝，比如杜牧的《江南春》：

千里莺啼绿映红，水村山郭酒旗风。
南朝四百八十寺，多少楼台烟雨中。[48]

再就是七律了。七律其实是七绝的叠加，只不过三四两句（颔联）和五六两句（颈联）都必须对仗，四五两句又平仄相同，因此读起来回肠荡气，比如李商隐的《无题》：

相见时难别亦难，东风无力百花残。
春蚕到死丝方尽，蜡炬成灰泪始干。

晓镜但愁云鬓改，夜吟应觉月光寒。
蓬山此去无多路，青鸟殷勤为探看。

在这里，看要读如堪。

无疑，正如杜甫不同于李白，被称为“小李杜”的杜牧和李商隐也各有千秋。商隐耐人寻味，杜牧清新可人，体现出的时代精神却相当一致，那就是沉稳、多样和内向。

沉稳是必然的。安史乱后，人心思治，天下求稳，受够了动乱的君臣都希望过安生日子。所以，尽管有藩镇时不时地叛乱，却很快就平息；尽管朝中派系针尖对麦芒，也最多只是把对手贬到地老天荒，赶尽杀绝的事不大发生。

稳定压倒一切，可谓朝野共识。

于是，尽管有藩镇割据、宦官乱政和派系斗争，中唐的统治集团仍然致力于国家管理的有序化，包括财政收入实行两税法，人才选拔完善科举制。这两种制度及其深远意义是下面一节要展开讨论的，但可以肯定，较之初盛唐生龙活虎的开拓进取，中唐更希望有法可依，有章可循。

程式化规范化的七律，便很符合这种心理。尽管它因为过于工整而难免呆滞，但严守格律却能保证基本品质，至少读起来抑扬顿挫。可见平仄和对仗很有意义，呆滞的缺憾则可以由晚唐五代兴起的“长短句”（词）来弥补。

何况没有谁只写七律，即便同为七律也气质不同。事实上，中晚唐文坛人才之辈出，个性之鲜明，风格之多样，均远胜于前，甚至有幽奇诡异如李贺：昆山玉碎凤凰叫，芙蓉泣露香兰笑。女娲炼石补天处，石破天惊逗秋雨。[49]

这可真是堪称“鬼才”。

个性鲜明是因为感情细腻。的确，如果说初盛唐更关注外部世界，那么中晚唐便更在意内心感受。因此，就连边塞诗的调性也不同于高适和岑参，比如李益：

回乐峰前沙似雪，受降城外月如霜。
不知何处吹芦管，一夜征人尽望乡。[50]

没错，反映戍边之苦，批判相关政策的不合理，历来是边塞诗的主题之一。高适就说：少妇城南欲断肠，征人蓟北空回首。但，高诗是陈述事实，表达的是谴责；李作是描写氛围，表达的是伤感。区别是微妙的，也是明显的。[51]

只不过，这也是时代之别。

知向谁边

分界点仍是安史之乱。

安史之乱以后的大唐似乎换了一个样，不但皇帝不再是李世民和武则天那样的，就连服饰也焕然一新：衣服由紧身窄袖变成长袍宽袖，眉毛则由又细又长变成又短又粗。难怪白居易这样描述老宫女的过时落伍：小头鞋履窄衣裳，青黛点眉眉细长。外人不见见应笑，天宝末年时世妆。[52]

社会上也是另一番景象。实际上德宗以后，上层风气日趋奢华，浅斟低唱和车马宴游成为新的时尚。英勇豪迈的慷慨悲歌不大有了，青春年少的直朴气质不大有了，冲破传统的反叛氛围也不大有了，士大夫们更多地是痴迷于书法、图画、围棋、占卜，以及各种脍不厌细的精美饮食。[53]

这可真是恍如隔世。

◎唐代前后期服饰对比图

盛唐时期，敦煌第151窟北耳洞龛女像。少女头梳双髻，着圆领长袍，选自张大千临摹敦煌壁画。

盛唐时期，陕西西安南郊出土韦顼墓石椁装饰画。图中少妇头戴胡帽，身着领袖窄小的翻领胡服，这是天宝年间流行的妇女时装样式。

晚唐时期，选自周昉《簪花仕女图》。图中女子梳高髻，上插牡丹花，身穿大袖纱衫，披锦绣罗帔，下着长裙。

晚唐时期，敦煌壁画第196窟。选自张大千临摹敦煌壁画。

变化与两件事情有关，这就是科举制和两税法。后者简单地说，就是以田亩为单位确定地税，以贫富（户等）为标准确定户税，以货币替代谷米和绢帛进行缴纳，每年不晚于六月和十一月起征，其他苛捐杂税全免。由于有地税和户税两种，又是夏秋两季征收，所以叫“两税法”。[54]

平心而论，两税法的意义是积极的，因为赋税的征收由按人口计算变成了按资产计算。户税固然是大户多纳，小户少交，地税也是地多的税多，地少的税少。这就在一定程度上减轻了广大贫苦人民的负担，有利于解放生产力，也促进了当时社会经济的恢复和发展。[55]

可惜在王朝时代，立法者的善意往往是一厢情愿，中晚唐皇帝的诏令更未必能真正实行。贞元三年（787），全国大丰收，物价低到每斗米一百五十钱，粟八十。为了防止米贱伤农，帝国下令以平价收购粮食。这当然是中央政府的惠民政策，结果却是农民苦不堪言，怨声载道。

德宗皇帝得知这一情况完全是意外。十二月某日，他外出打猎路过一家农舍，便信步走了进去。也许，他是想顺便做一次调研。当然，更可能是想听到歌功颂德。

农户叫赵光奇。

唐德宗问：怎么样？老百姓都很幸福吧？

赵光奇答：不幸福。

德宗奇怪：丰衣足食，为什么不幸福？

赵光奇说：因为政府不讲诚信。说是地税和户税之外不取分文，其实额外收的比两税还多。后来又说什么平价收购粮食，实际上是只拿粮食不给钱，还要我们运到老远，害得我们几乎破产。我等愁苦如此，哪有幸福？

德宗叹息，下令补偿赵光奇。

农民赵光奇确实光奇，皇帝唐德宗却其实不德。赵光奇说得非常清楚：朝廷体恤民众的所有诏令，到了地方上从来就是画饼和空文。德宗不解决这个根本问题，只是补偿赵光奇一家，又有什么意义？难怪司马光很不以为然。[56]

但，实行两税法以后，帝国变得安定富庶，官员也变得阔绰起来，则是事实。更重要的是，由于唐代科举之盛始于高宗之时，成于玄宗之代，极于德宗之世，所以创造了两税法的德宗朝，便成为历史的一个分界点——此后的中华帝国将是庶族地主阶级的政治舞台。[57]

没错，科举制和两税法，都是有利于他们的。

新阶级要有新文化。于是有了韩愈、柳宗元代表的古文运动，白居易的新乐府，以及唐传奇。传奇就是小说。小说原本不入流，唐传奇的作者却是大家，比如创作《枕中记》的是史官，创作《李娃传》的是诗人，元代戏曲《西厢记》前身《莺莺传》的作者更是大名鼎鼎的元稹。[58]

实际上传奇与唐诗不但并行不悖，而且相辅相成。白居易写了《长恨歌》，陈鸿就写《长恨歌传》；白行简写了《李娃传》，元稹就写《李娃行》。历来被看作高雅艺术的诗与通俗文学传奇，竟然毫无障碍地“同流合污”。

这是中晚唐的时代精神。

的确，由于越来越多的庶族地主知识分子通过科举走上仕途，并逐渐成为官僚队伍的主流，文学艺术的平民化已是大势所趋。事实上，正如欧洲的文艺复兴指向未来，古文运动也是借复古之名，行创新之实。韩愈和柳宗元们反对四六骈文，则其实是要颠覆门阀士族的意识形态和话语权。

因此，韩、柳的文章都明白如话，决不晦涩难懂。比如韩愈的《师说》：弟子不必不如师，师不必贤于弟子。闻道有先后，术业有专攻，如此而已。又如他的《杂说四》：世有伯乐，然后有千里马。千里马常有，而伯乐不常有。至于柳宗元的《小石潭记》，更是不押韵的白话诗：

潭中鱼可百许头，皆若空游无所依。日光下澈，影布石上，佁然不动。俶尔远逝，往来翕忽，似与游者相乐。

白居易的新乐府就更是如此。据说，他的乐府诗是连普通民众都能听懂的。难怪同时代的日本人欣赏唐诗时更偏爱中唐，在中唐诗人中又最喜欢白居易。毕竟，那时他们正在向中华文明学习，而且“文化程度还不高”。[59]

但这并不妨碍白居易写出极其高雅的七律：

孤山寺北贾亭西，水面初平云脚低。
几处早莺争暖树，谁家新燕啄春泥。
乱花渐欲迷人眼，浅草才能没马蹄。
最爱湖东行不足，绿杨阴里白沙堤。[60]

与盛唐一样，这里面体现出的仍然是大唐精神，是个性的张扬和幸福的追求，只不过个性更加鲜明，对幸福的理解也各不相同。所以，韩愈可以因坚持己见而得罪皇帝：一封朝奏九重天，夕贬潮阳路八千；杜牧也可以不管不顾地流连忘返于红灯区：十年一觉扬州梦，赢得青楼薄幸名。[61]

同样，他们可以一面谈情说爱，一面忧国忧民；昨日指点江山，今朝礼佛参禅。因此，尽管柳州城“惊风乱飐（读如斩）芙蓉水，密雨斜侵薜荔墙”，长安和洛阳的牡丹花下仍是游人如织。那是一种时尚，与贵贱穷达无关。相反，官僚政治和派系斗争时代的士大夫，早已习惯了宦海沉浮。君不见，玄都观里桃千树，尽是刘郎去后栽。[62]

牡丹也一样。

只不过，牡丹花会被代以黄金甲。

是的，黄巢用他的《菊花》诗，以批判的武器为唐诗精神做了总结，也靠转战南北，用武器的批判为世界帝国画了句号。唐僖宗乾符五年（878）十二月，他攻陷了大唐的东南口岸福州，又在次年兵临广州城下。担任广州节度使的要求被拒绝后，黄巢破门而入，屠杀了坚持抵抗的居民，其中便包括穆斯林、基督徒、犹太人和琐罗亚斯德教徒。这些外国人是丝绸、瓷器、茶叶、樟脑等中国产品的出口商，黄巢却连桑树都砍掉了，让阿拉伯人很久穿不上漂亮衣服。[63]

这一切，长安市上酒家眠的李白可曾想到？

应该想不到。但传为他所作的《忆秦娥》，却不妨看作长安和长安所代表之时代的悼词：乐游原上清秋节，咸阳古道音尘绝。音尘绝。西风残照，汉家陵阙。

没错，大唐灭亡后，长安将永远不再成为帝都。代之而起的是新的城市，也将是几乎全新的文明。

那就让我们拭目以待。

本卷终

请关注下卷《大宋革新》

注释

第一章

1 见《唐会要》卷二十六，《资治通鉴》卷二百一十开元元年十月条。

2 见《唐大诏令集·骊山讲武赏慰将士诏》。

3 崔瑞德《剑桥中国隋唐史》即认为武则天把国家从更糟的境遇中拯救出来。但同时又说，这一点可以争论。

4 关于这种看法，见崔瑞德《剑桥中国隋唐史》。

5 见《资治通鉴》卷二百一十开元元年六月条。但该条称“宰相七人，五出其门”，不确，应为“四出其门”。

6 见《资治通鉴》卷二百一十先天元年七月条。

7 见《资治通鉴》卷二百一十开元元年七月条，同时参看两《唐书》之郭元振传。

8 见《册府元龟》卷八十四。

9 见《资治通鉴》卷二百一十开元元年十月条，同时参看两《唐书》之郭元振传。

10 见两《唐书》之姚崇传,《资治通鉴》卷二百八神龙元年二月条。

11 致君尧舜上，再使风俗淳，见杜甫《奉赠韦左丞丈二十二韵》。

12 见《资治通鉴》卷二百一十开元元年十月条《考异》，同时参看《新唐书·姚崇传》。

13 姚崇的十项施政纲领见《全唐文》卷二百零六、《新唐书·姚崇传》,《旧唐书》不载。

14 见《资治通鉴》卷二百一十开元元年十二月条，同时参看《新唐书·姚崇传》。

15 见《资治通鉴》卷二百七长安三年九月条，同时参看两《唐书》之张说传。

16 见两《唐书》之卢怀慎传,《资治通鉴》卷二百一十一开元三年正月条。

17 见《资治通鉴》卷二百一十一开元三年正月条。

18 见两《唐书》之姚崇传,《资治通鉴》卷二百一十一开元三年五月条。

19 见《贞观政要》卷八,《资治通鉴》卷一百九十二贞观二年六月条。

20 崔瑞德《剑桥中国隋唐史》即认为，唐太宗的许多公开举止都带有表演性质，吃蝗虫即其一例。

21 见两《唐书》之姚崇传,《新唐书·齐澣传》,《资治通鉴》卷二百一十一开元四年十二月条。

22 见《资治通鉴》卷二百一十一开元四年十二月条。

23 以上见《资治通鉴》卷二百七长安四年十二月条，同时参看两《唐书》之宋璟传。

24 详见《新唐书·宋璟传》。

25 见《资治通鉴》卷二百一十一开元四年十二月条，同时参看《新唐书》姚崇与宋璟传之史臣赞。

26 见《资治通鉴》卷二百一十一开元五年九月条。

27 请参看《新唐书》姚崇与宋璟传之史臣赞。

28 宋璟于开元四年（716）闰十二月二十八日拜相，开元八年（720）正月二十八日罢相，担任宰相共三年一个月。

29 请参看崔瑞德《剑桥中国隋唐史》。

30 引文见柳芳《食货论》。

31 见《资治通鉴》卷二百一十二开元八年正月条。

32 以上据崔瑞德《剑桥中国隋唐史》，同时参看《资治通鉴》卷二百一十二开元八年正月条。

33 见《资治通鉴》卷二百一十二开元十二年八月条，同时参看崔瑞德《剑桥中国隋唐史》。

34 以上见两《唐书》之宇文融传,《资治通鉴》卷二百一十二开元十二年八月条，同时参看崔瑞德《剑桥中国隋唐史》。

35 张说由于宋璟的告诫而在出庭作证时说实话，见两《唐书》之宋璟传；要求修改《则天实录》历史记载事，见《资治通鉴》卷二百一十二开元九年十二月条。

36 这一观点引自许道勋、赵克尧《唐玄宗传》，唐玄宗对张说的评语见《全唐文》卷二十二《命张说兼中书令制》。

37 见两《唐书》之张说传，《资治通鉴》卷二百一十二开元十年八月条。

38 从政事堂到中书门下的变化，见《资治通鉴》卷二百一十二开元十一年是岁条及胡三省注。

39 见《新唐书·张说传》，《资治通鉴》卷二百一十三开元十四年四月条。

40 见两《唐书》之宇文融传，《资治通鉴》卷二百一十三开元十四年二月条。

41 见两《唐书》之张说传，《资治通鉴》卷二百一十三开元十四年四月条。

42 以上见两《唐书》之宇文融传，《资治通鉴》卷二百一十三开元十七年六月至十月条。

43 见《资治通鉴》卷二百一十二开元十三年十二月条。

44 以上见《新唐书·王毛仲传》，《资治通鉴》卷二百一十三开元十八年是岁条、开元十九年正月条，同时参看《旧唐书·王毛仲传》。

45 见两《唐书》之韩休传。

46 见《新唐书·韩休传》,《资治通鉴》卷二百一十三开元二十一年三月条。

47 以上见《资治通鉴》卷二百一十三开元二十一年十月条。

第二章

1 见两《唐书》之张九龄传。

2 见两《唐书》之裴耀卿传,《旧唐书·食货志下》,《资治通鉴》卷二百一十四开元二十二年七月、八月条。

3 见《旧唐书》卷一百八十八,《资治通鉴》卷二百一十四开元二十三年三月条。

4 见《新唐书·张九龄传》,《资治通鉴》卷二百一十四开元二十三年正月条。

5 以上见《旧唐书·李林甫传》,《新唐书·张九龄传》,《资治通鉴》卷二百一十四开元二十四年十月条。

6 以上均见《新唐书·李林甫传》,《资治通鉴》卷二百一十四开元二十四年十月条。

7 见《新唐书·玄宗纪》。

8 见《资治通鉴》卷二百一十四开元二十四年十一月条之综述。

9 见张九龄《归燕诗》。

10 见《新唐书·李林甫传》，（唐）郑处诲《明皇杂录》卷下。

11 见《新唐书·李林甫传》，《资治通鉴》卷二百一十四开元二十四年十一月条。

12 这个说法最早见于五代王仁裕的《开元天宝遗事》，后来被司马光采信，载于《资治通鉴》卷二百一十五天宝元年三月条，遂成为定论。但两《唐书》均无此说，十分可疑。

13 此前主要宰相的任职时间是：姚崇三年三个月，卢怀慎不到三年，宋璟三年一个月，苏颋三年一个月，张嘉贞三年一个月，张九龄和裴耀卿不到三年，张说四年半，源乾曜九年五个月。

14 见《新唐书·李林甫传》。

15 请参看《资治通鉴》卷二百一十四开元二十四年十一月条。

16 请参看彭丽华《安史之乱》及其所引（日本）谷川道雄《关于所谓李林甫专政》，袁英光、王界云《略论有关"安史之乱"的几个问题》。

17 本段及以下论述均请参看崔瑞德《剑桥中国隋唐史》，

彭丽华《安史之乱》。

18 见《旧唐书·刑法志》,《新唐书·李林甫传》。但《新唐书》认为这一情况并不属实，是大理寺长官“妄言”，却不知证据何在。

19 见《资治通鉴》卷二百一十六天宝八载二月条。

20 见两《唐书》之《李林甫传》,《资治通鉴》卷二百一十六天宝六载十二月条。

21 见《新唐书·高力士传》,《资治通鉴》卷二百一十五天宝三载初条。

22 关于李隆基与杨玉环第一次幽会的时间，请参看许道勋、赵克尧《唐玄宗传》的考证。

23 见两《唐书》之《杨贵妃传》,《资治通鉴》卷二百一十五天宝三载十二月条。

24 唐玄宗的《度寿王妃为女道士敕》见《唐大诏令集》卷四十,《全唐文》卷三十五。

25 见《新唐书·玄宗贵妃杨氏传》，并请参看陈寅恪《金明馆丛稿初编》。

26 见李白《清平调》。关于这三首诗的故事，见乐史《杨太真外传》，王仲镛《唐诗纪事校笺》、《太平广记》等。李白写作此诗的时间，见许道勋、赵克尧《唐玄宗传》的考证。

27 见《全唐诗》卷五百一十一张祜《宁哥来》。

28 此说见乐史《杨太真外传》。

29 此处据许道勋、赵克尧《唐玄宗传》的考证。

30 关于杨贵妃的两次出宫，见两《唐书》之杨贵妃传及《资治通鉴》有关条目。海誓山盟之事与时，见白居易《长恨歌》及陈鸿《长恨歌传》。

31 见杜佑《通典》，王溥《唐会要》。

32 关于《霓裳羽衣曲》和《霓裳羽衣舞》，详见许道勋、赵克尧《唐玄宗传》的研究。

33 本节述安禄山事迹如无另注者，均见两《唐书》之安禄山传，同时请参看许道勋、赵克尧《唐玄宗传》。

34 见《资治通鉴》卷二百一十五天宝二年正月条。

35 以上均见《资治通鉴》卷二百一十五天宝六载正月条。

36 见（唐）姚汝能《安禄山事迹》卷上。

37 如《旧唐书·杨国忠传》即称，杨国忠屡于玄宗前言安禄山必反，“由是禄山惶惧，遂举兵以诛国忠为名”。

38 本节所述杨国忠事迹，如无另注，均见两《唐书》之杨国忠传。

39 见两《唐书》之李林甫传，《资治通鉴》卷二百一十六天宝十一载十月条、十二载正月条。

40 见《新唐书·安禄山传》。

41 以上见《资治通鉴》卷二百一十六天宝十二载五月条，

卷二百一十七天宝十三载正月条、三月条。

42 见《资治通鉴》卷二百一十七天宝十四载二月条。

43 见《资治通鉴》卷二百一十七天宝十四载四月条。

44 司马光等人认为，安禄山原本打算在唐玄宗驾崩之后谋反的，但被杨国忠的步步紧逼提前了行动。见《资治通鉴》卷二百一十七天宝十四载十月条。

45 见《资治通鉴》卷二百一十七天宝十四载七月条。

第三章

1 请参看《资治通鉴》卷二百一十七天宝十四载十一月条。

2 白居易《长恨歌》：渔阳鼙鼓动地来，惊破《霓裳羽衣曲》。

3 据荣新江《安禄山的种族与宗教信仰》。

4 以上见《新唐书·安禄山传》、《资治通鉴》卷一百一十六天宝十载二月条，同时请参看彭丽华《安史之乱》。

5 见《资治通鉴》卷二百一十七天宝十三载四月条。

6 见《旧唐书·安禄山传》，同时请参看彭丽华《安史之乱》。

7 关于安禄山起兵以及下表所列事件日期，同类著作有不同说法，本书均据许道勋、赵克尧《唐玄宗传》的考证，不争论。

8 见《安禄山事迹》卷中,《资治通鉴》卷二百一十七天宝十四载十一月条。

9 据《新唐书·杨国忠传》，安禄山起兵范阳后，曾说：国忠头来何迟?

10 见两《唐书》之封常清传,《资治通鉴》卷二百一十七天宝十四载十一月条。

11 请参看许道勋、赵克尧《唐玄宗传》。

12 据《资治通鉴》卷二百一十七天宝十四载十二月条，封常清一败于武牢，二败于葵园，三败于上东门，四败于都亭驿，五败于宣仁门，终于不敌而西走。另，据《资治通鉴》，叛军进攻洛阳是在十二月十二日丁酉; 据《旧唐书· 封常清传》表章，封常清十二月七日与敌交兵，十三日败走，洛阳保卫战共六天。

13 见《旧唐书·封常清传》表章。

14 见《旧唐书·封常清传》,《新唐书·高仙芝传》。

15 以上见《旧唐书·封常清传》,《新唐书·高仙芝传》,《资治通鉴》卷二百一十七天宝十四载十二月条。

16 见《旧唐书· 哥舒翰传》。

17 见《资治通鉴》卷二百一十六天宝十二载五月条、八月条。

18 见《新唐书·哥舒翰传》,《资治通鉴》卷二百一十七至德元载正月条。

19 见《新唐书·哥舒翰传》,《资治通鉴》卷二百一十七至德元载三月条。

20 杨国忠曾经对杨氏姐妹说：太子素恶吾家专横久矣。若一旦得天下，吾与姊妹并命在旦暮矣。见《资治通鉴》卷二百一十七天宝十四载十二月条。

21 见两《唐书》之王思礼传,《资治通鉴》卷二百一十八至德元载五月条。

22 见两《唐书》之哥舒翰传。

23 见《资治通鉴》卷二百一十八至德元载五月条。

24 见两《唐书》之哥舒翰传,《资治通鉴》卷二百一十八至德元载五月条、六月条。

25 见《资治通鉴》卷二百一十八至德元载五月条。

26 见《新唐书·安禄山传》,《资治通鉴》卷二百一十八至德元载五月条。

27 见《资治通鉴》卷二百一十八至德元载六月条。

28 见两《唐书》之哥舒翰传,《资治通鉴》卷二百一十八至德元载六月条。

29 见《新唐书·哥舒翰传》,《资治通鉴》卷二百一十八至德元载六月条，同时请参看许道勋、赵克尧《唐玄宗传》。

30 以上见《新唐书·哥舒翰传》,《资治通鉴》卷二百一十八至德元载六月条。

31 见《资治通鉴》卷二百一十八至德元载六月条胡三省注。

32 见两《唐书》之杨国忠传,《资治通鉴》卷二百一十八至德元载六月条。

33 马嵬驿在今陕西省兴平市境内，距离当时的金城县约二十八里，而金城距离长安八十五里。

34 见《资治通鉴》卷二百一十八至德元载六月条。

35 据《旧唐书·玄宗纪下》，唐玄宗仓皇出逃时“微雨沾湿”。

36 见《资治通鉴》卷二百一十八至德元载六月条。

37 见两《唐书》之杨国忠传、陈玄礼传。

38 关于陈玄礼向太子报告以及太子的态度，见《旧唐书·杨贵妃传》、《旧唐书·韦见素传》,《资治通鉴》卷二百一十八至德元载六月条。陈玄礼对唐玄宗说的话，见《旧唐书·玄宗纪下》。

39 以上见《旧唐书·玄宗纪下》，两《唐书》之杨国忠传，《资治通鉴》卷二百一十八至德元载六月条。

40 见《资治通鉴》卷二百一十八至德元载六月条。

41 见《新唐书·杨国忠传》。

42 见《旧唐书·杨国忠传》。唐玄宗与陈玄礼这段对话的具体时间,《旧唐书》并无明示。但如果理解为是在杨贵妃死后，则于情于理不通。

43 见两《唐书》之杨贵妃传,《旧唐书·玄宗纪下》,《资治通鉴》卷二百一十八至德元载六月条。

44 以上均见《资治通鉴》卷二百一十八至德元载六月条。

45 见《旧唐书·玄宗纪下》,《旧唐书·韦见素传》,《资治通鉴》卷二百一十八至德元载六月条。

46 见《旧唐书·韦见素传》,《新唐书·韦谔传》,《资治通鉴》卷二百一十八至德元载六月条。

47 以上见《资治通鉴》卷二百一十八至德元载六月条，同时参看《旧唐书·肃宗纪》。

48 见《资治通鉴》卷二百一十八至德元载六月条，同时参看两《唐书》之李倓传。

49 见《旧唐书·肃宗本纪》。

50 见两《唐书》之肃宗本纪,《资治通鉴》卷二百一十八至德元载七月条。

51 许道勋、赵克尧《唐玄宗传》即认为“太子未决”是指没有决定何时动手。

52 见两《唐书》之陈玄礼传。

53 见《资治通鉴》卷二百一十八至德元载六月条，两《唐书》之王思礼传。

54 请参看彭丽华《安史之乱》。

55 见两《唐书》之杨贵妃传,《资治通鉴》卷二百一十七天宝十四载十二月条。

56 见《旧唐书·肃宗本纪》。

57 见《新唐书·郭子仪传》,《资治通鉴》卷二百二十三广德元年十月条。

58 令公一词的解释见《资治通鉴》卷二百二十三广德元年十月条胡三省注。

59 见《新唐书·郭子仪传》,《资治通鉴》卷二百二十三永泰元年十月条。

60 见《旧唐书·郭子仪传》。

61 见《新唐书·李光弼传》。

62 见《旧唐书·李光弼传》。

63 见《旧唐书·李光弼传》,《资治通鉴》卷二百二十一乾元二年十月条。两书所记时间不同。

64 见两《唐书》之郭子仪传,《资治通鉴》卷二百一十八至德元载五月条及胡三省注。

65 见《新唐书·李泌传》,《资治通鉴》卷二百一十八至德元载七月条、十二月条。按,李泌论李林甫事与提出平叛方略,《资治通鉴》分别系于至德元载七月和十二月。但《新唐书》记载肃宗“抱泌颈以泣”之后有“因从容问破贼期”

一句，则应是同时。本书所述肃宗语，亦糅入了李倓论孝的观点，见《资治通鉴》卷二百一十八至德元载六月条。

66 见《资治通鉴》卷二百二十二宝应元年十月条。

第四章

1 《后汉书·宦者列传序》称：宦官悉用阉人，不复杂调他士。

2 见气贺泽保规《绚烂的世界帝国》。

3 以上见两《唐书》之高力士传，《资治通鉴》卷二百一十六天宝七载四月条。

4 见《资治通鉴》卷二百一十六天宝七载四月条，同时请参看许道勋、赵克尧《唐玄宗传》。

5 见《新唐书·仇士良传》，《资治通鉴》卷二百四十六开成四年十一月条。

6 见《新唐书·仇士良传》。

7 以上见《新唐书·兵志》，并请参看罗琨、张永山等《中国军事通史》，（英国）崔瑞德《剑桥中国隋唐史》，（日本）气贺泽保规《绚烂的世界帝国》。

8 见《新唐书·仇士良传》。

9 比如“甘露之变”后的唐文宗。此处不展开，有兴趣的读者可阅读相关史料。

10 本段及下页表均据《资治通鉴》卷二百一十五天宝元年正月条。

11 见《新唐书·兵志》。

12 以上请参看傅乐成《中国通史》，杜维运《中国通史》。

13 见两《唐书》之李希烈传，《资治通鉴》卷二百二十七建中三年十一月条、十二月条。

14 见两《唐书》之颜真卿传，《资治通鉴》卷二百二十八建中四年正月条。

15 以上见《旧唐书·姚令言传》，《资治通鉴》卷二百二十八建中四年十月条。姚令言所率兵力，《旧唐书》称为五万，今从《资治通鉴考异》定为五千。

16 顾炎武《日知录·政事·藩镇》即称：世言唐亡于藩镇，而中叶以降，其不遂并于吐蕃、回纥，灭于黄巢者，未必非藩镇之力。

17 见《旧唐书·宪宗本纪上》。

18 模范监狱罪囚，是陈寅恪先生的比喻，见陈寅恪《唐代政治史述论稿》中篇。

19 见《资治通鉴》卷二百四十六开成三年正月条。

20 见《资治通鉴》卷二百四十五太和八年十一月条。

21 见《资治通鉴》卷二百三十九元和八年十月条，参看《新唐书·李绛传》。

22 宰相裴度就对宪宗说过这样的话，见《资治通鉴》卷二百四十元和十三年十二月条。司马光更是大发议论，见《资治通鉴》卷二百四十五太和八年十一月条。

23 受排挤的两派领军人物是李德裕和李宗闵，事见《资治通鉴》卷二百四十五太和九年四月条、六月条、七月条。

24 排挤李德裕、李宗闵的，是在“甘露之变”中受难的李训和郑注。《新唐书》李训、郑注的合传史臣赞，司马光在《资治通鉴》卷二百四十五太和九年十一月条的评论，都认为李训、郑注是小人。陈寅恪先生则认为李训实为天下奇才，比起那些甘为宦官附属品的两派士大夫来，固有不同矣。见陈寅恪《唐代政治史述论稿》中篇。

25 党争是当时的说法，现在看来是容易引起误解的。实际上党争的“党”不是政党（parties），而是朋党，也就是利益一致或意气相投的帮派和团伙，称为派系（factions）更加准确。他们的斗争在牛僧孺、李宗闵和李德裕登上政治舞台之前就已经开始，因此本书不采用“牛李党争”或“二李党争”的传统说法。

26 唐穆宗长庆三年正月，某贪腐案东窗事发。皇帝亲自调阅案卷，发现该官员的私人账本上有记录：某年某月某日，送户部侍郎牛僧孺钱千万，牛僧孺不收。唐穆宗大喜过望说：我没有看错人。于是任命牛僧孺为中书侍郎，同中书门下平章事。事见两《唐书》之牛僧孺传,《资治通鉴》卷二百四十三长庆三年正月条、三月条。李德裕救人一事,见《新唐书·李德裕传》、《资治通鉴》卷二百四十六会昌元年三月条。

27 对此，傅乐成先生《中国通史》有简单明了的概述，请参看。

28 见两《唐书》之郑覃传。

29 李宗闵就是在吐突承璀掌权时得罪李吉甫和李德裕父子的。李绛处处与李吉甫作对，据说也因为他看不起李吉甫与吐突承璀内外勾结，朋比为奸（见两《唐书》之李绛传）。但旧史的这种道德立场其实靠不住。王仲荦先生即认为，当时有人吹捧李绛，往往言过其实。司马光编《资治通鉴》也有倾向性。二李的是非曲直尚待商榷，不见得李绛一定很对，李吉甫一定是错。请参看王仲荦《隋唐五代史》。

30 陈寅恪先生《唐代政治史述论稿》中篇称：外朝士大夫朋党之动态即内廷阉寺党派之反影。内廷阉寺为主动，外朝士大夫为被动。傅乐成先生《中国通史》称：这段期间的政治中心是宦官，整个外朝不论牛党李党，都是政治上的二等角色。本书不完全赞同。

31 请参看崔瑞德《剑桥中国隋唐史》。

32 据《新唐书·宣宗纪》。《旧唐书·地理志四》，崖州为下州。据《旧唐书·职官志三》，下州司户参军从八品下。

33 见李德裕《登崖州城作》。此诗的另一版本是：独上高楼望帝京，鸟飞犹是半年程。青山似欲留人住，百匝千遭绕郡城。

34 以上见《唐语林》卷七。

35 本段除引用陈寅恪先生观点外，亦引用（日本）气贺泽保规《绚烂的世界帝国》之观点。

36 铁勒仆固部落入唐，是在唐太宗贞观二十年（646）。此事及仆固怀恩事迹均见两《唐书》之仆固怀恩传。

37 据两《唐书》之代宗本纪、仆固怀恩传及《资治通鉴》，仆固怀恩出兵有两次，一次在广德二年（764）十月，一次在永泰元年（765）九月，第二次兵力数十万。

38 见两《唐书》之仆固怀恩传,《资治通鉴》卷二百二十三永泰元年九月条。

39 以上见《旧唐书·仆固怀恩传》，参看《资治通鉴》卷二百二十三广德元年七月条、八月条、九月条，崔瑞德《剑桥中国隋唐史》。

40 请参看崔瑞德《剑桥中国隋唐史》。

41 见《资治通鉴》卷二百二十二宝应元年十月条。

42 具体情况请参看傅乐成《中国通史》。

43 请参看傅乐成《中国通史》，崔瑞德《剑桥中国隋唐史》。

44 请参看（美国）白桂思《吐蕃在中亚：中古早期吐蕃、突厥、大食、唐朝争夺史》，（日本）气贺泽保规《绚烂的世界帝国》。

45 请参看崔瑞德《剑桥中国隋唐史》，（日本）气贺泽保规《绚烂的世界帝国》，“易中天中华史”之《隋唐定局》。

46 以上见《资治通鉴》卷二百三十三贞元五年十二月条，贞元六年五月、六月秋条，并请参看崔瑞德《剑桥中国隋唐史》。两书纪年不同，今从《资治通鉴》。

47 这个观点来自日本学者气贺泽保规先生，请参看气贺泽保规《绚烂的世界帝国》。以下对黄巢的描述和评价也多受该书影响，恕不一一注明。

48 见《新唐书·黄巢传》，参看《资治通鉴》卷二百五十六中和四年六月条及考异。《旧唐书》说法不同。

49 见《新唐书·黄巢传》，《资治通鉴》卷二百五十四广明元年十二月条。

50 见《旧唐书·黄巢传》。《新唐书·黄巢传》和《资治通鉴》卷二百五十四广明元年十二月条的记载有出入，有异同。

51 见《资治通鉴》卷二百五十四中和元年四月条。

52 见两《唐书》之黄巢传,《资治通鉴》卷二百五十四中和元年四月条。

53 比如《新唐书·黄巢传》和《资治通鉴》说黄巢第一次进入长安就已经大规模杀人，便不可靠。大开杀戒应该是在第二次。

54 见《资治通鉴》卷二百五十四中和元年四月条。

55 见《资治通鉴》卷二百五十一咸通十年六月条。

56 见《资治通鉴》卷二百五十二乾符二年七月条。

57 以上请参看气贺泽保规《绚烂的世界帝国》。

58 据《旧五代史·唐书·武皇本纪上》和《新五代史·唐本纪四》，李克用的精锐部队号称“鸦儿军”，因为李克用外号“李鸦儿”。气贺泽保规《绚烂的世界帝国》解释为黑衣骑兵和乌鸦兵团，今从之。

59 见《资治通鉴》卷二百六十五天祐二年六月条。

第五章

1 这里说的诗人是杜甫，作品是《丽人行》；画家是张萱，作品是《虢国夫人游春图》。此图现藏辽宁省博物馆，为北宋时代的摹本。对于此图的解读学术界有争议，甚至有学者认为既非游春，图中也没有虢国夫人。本书采信日本历史学家气贺泽保规的说法，请参看气贺泽保规《绚烂的世界帝国》。

2 见杜甫《草堂逸诗》此诗也被认为是张祜所作，题为《集灵台》（其二），全文为：虢国夫人承主恩，平明骑马入宫门。却嫌脂粉污颜色，淡扫蛾眉朝至尊。文字略有不同。

3 这一观点引自周时奋《中国历史十一讲》。

4 顾炎武《日知录》即云：余见天下州之为唐旧治者，其城郭必皆宽广，街道必皆正直；廨舍之为唐旧创者，其基址必皆宏敞。宋以下所置，时弥近者制弥陋。

5 见（法国）勒内·格鲁塞《中国的文明》。

6 见孟浩然《岁暮归南山》。

7 本诗在《全唐诗》中题为《不第后赋菊》，《清暇录》则但云此诗是黄巢落第后所作，题为《菊花》。

8 李商隐《锦瑟》。

9 李白《宣州谢朓楼饯别校书叔云》。

10 李白《将进酒》。

11 本段所引分别见李白《江夏赠韦南陵冰》和《襄阳歌》。

12 杜甫《饮中八仙歌》。

13 见李白《将进酒》。

14 李白的话见《上韩荆州书》，文本分析请参看李泽厚《美的历程》。

15 杜甫《悲陈陶》。

16 见杜甫《新婚别》、《垂老别》、《无家别》、《自京赴奉先县咏怀五百字》。

17 见杜甫《又呈吴郎》。

18 见杜甫《羌村三首》。

19 见王维《酬张少府》、《栾家濑》。

20 见王维《汉江临泛》、《使至塞上》。

21 王维《辛夷坞》。

22 此处所引陆游词见《卜算子·咏梅》。

23 王维《鸟鸣间》（或作《鸟鸣涧》）。

24 请参看樊树志《国史概要》、《国史十六讲》。

25 无所畏惧无所顾忌地引进和吸取，无所束缚无所留恋地创造和革新，这两句话是李泽厚先生的，请参看李泽厚《美的历程》。

26 见李白《渡荆门送别》，杜甫《旅夜书怀》。

27 见杜甫《前出塞九首》其六。

28 本段所引诗见王维《陇西行》。

29 见岑参《走马川行奉送出师西征》。

30 岑参于天宝三载（744）进士及第，天宝八载（749）任高仙芝的幕府书记，天宝十三载（754）任封常清手下判官，事迹见（唐）杜确《岑嘉州诗集序》、（元）辛文房《唐才子传》

卷三。本段所引诗见岑参《白雪歌送武判官归京》。

31 岑参《逢入京使》。

32 高适《燕歌行》。

33 见《资治通鉴》卷二百一十六天宝十载四月条、八月条。

34 唐高宗咸亨元年（670），安西四镇因吐蕃而废止。武则天长寿元年（692），大唐在龟兹恢复安西都护府。唐高宗永徽二年（651），阿拉伯帝国征服波斯。唐中宗景龙三年（709），阿拉伯帝国征服布哈拉和撒马尔罕。唐玄宗开元三年（715），唐军在费尔干纳赶走了入侵的阿拉伯人。请参看（法国）勒内·格鲁塞《中国的文明》。

35 见两《唐书》之高仙芝传，《资治通鉴》卷二百一十五天宝六载十二月条后之追记、卷二百一十六天宝六载十二月条。

36 见《新唐书·高仙芝传》，《资治通鉴》卷二百一十六天宝十载四月条。阿拔斯王朝建立于公元750年，定都库法，762年迁都巴格达。

37 本诗原文作“耶娘妻子走相送”。耶即爷。为了便于阅读，径改作爷。

38 上引均见杜甫《兵车行》。

39 据《资治通鉴》卷二百一十六天宝十载四月条，杨国忠派遣御史分道捕人强征入伍，连枷送往军中，送行的父母妻子哭声振野，可视为《兵车行》的时代背景。又，杨国忠于天宝十一载十一月担任右相，因此《丽人行》有可能写于十二载春。至于杜甫自京赴奉先的时间，则在十四载十月到十一月之间，安史之乱正好发生在十一月。

40 此处所引五绝见杜甫《绝句二首》，七绝见《江南逢李龟年》。

41 见（明）胡应麟《诗薮》。

42 这里所说只是大而化之的原则性要求，具体情况还要更复杂一些，详请参看王力《诗词格律》。

43 所引见杜甫《江汉》。

44 所引见高适《燕歌行》，李商隐《马嵬》。高适《燕歌行》并非格律诗，仍然用了对仗，可见对仗是一种很好的修辞方式。

45 以上所引分别见刘禹锡《酬乐天扬州初逢席上见赠》，许浑《咸阳城西楼晚眺》，李商隐《无题二首》其一。

46 以上所引分别见韦应物《滁州西涧》，韩愈《早春呈水部张十八员外二首》其一，元稹《离思五首》其四，白居易《暮江吟》。

47 以上所引分别见杜牧《秋夕》、《山行》、《清明》。

48 此诗的首句也有人认为应该是“十里”，因为千里之外，怎么知道莺啼绿映红？其实即便十里也不能尽知，南朝四百八十寺更只在想象之中。

49 见李贺《李凭箜篌引》。

50 李益《夜上受降城闻笛》。

51 这一区别也可以从用韵看出。高适诗用的是仄声韵，李益诗是平声，平声的语气要平和得多。

52 见白居易《上阳白发人》。

53 见（唐）李肇《国史补》，并请参看李泽厚《美的历程》。本节所述多处引用了李泽厚先生此书研究成果，恕不能一一注明，谨此鸣谢。

54 请参看王仲荦《隋唐五代史》。

55 唐德宗时宰相陆贽的《均节赋税恤百姓六条》即称：唯以资产为宗，不以丁身为本，资产少者则其税少，资产多者则其税多。

56 见《资治通鉴》卷二百三十三贞元三年十二月条及“臣光曰”。

57 唐代科举三阶段，见陈寅恪《元白诗笺证稿》。

58《枕中记》的作者是曾任史馆修撰的沈既济，《李娃传》的作者是白居易的弟弟白行简。

59 请参看（日本）气贺泽保规《绚烂的世界帝国》。

60 白居易《钱塘湖春行》。

61 见韩愈《左迁至蓝关示侄孙湘》，杜牧《遣怀》。

62 中唐士大夫以赏牡丹为时尚，见李肇《国史补》，本段所引诗分别见柳宗元《登柳州城楼寄漳汀封连四州刺史》，刘禹锡《元和十年自朗州至京，戏赠看花诸君子》。

63 据《资治通鉴》卷二百五十三乾符五年十二月条，乾符六年五月、六月、九月条，（阿拉伯帝国）苏莱曼、艾布·载德·哈桑·西拉菲《中国印度见闻录》（中华书局 2001），同时参看（日本）气贺泽保规《绚烂的世界帝国》，（法国）勒内·格鲁塞《中国的文明》。

本卷大事年表

710年（景云元年）六月二日，中宗被杀。二十日，李隆基发动兵变，推翻韦皇后集团。二十四日，睿宗李旦即位。

712年（延和元年）八月，睿宗李旦自任太上皇，传位于李隆基，是为唐玄宗。同月改元先天。

713年（先天二年）七月，李隆基粉碎太平公主集团。十二月，改元开元，姚崇任中书令。

716年(开元四年)十二月,姚崇罢相,宋璟任门下侍中(黄门监)。

720年（开元八年）正月，宋璟罢相。

721年（开元九年）二月，宇文融开始理财。九月，张说任兵部尚书、同中书门下三品。

722年（开元十年）八月，张说改革兵制。

723年（开元十一年）二月，张说任中书令。是岁，张说奏改政事堂为中书门下。

724年（开元十二年）八月，宇文融任御史中丞。

725年（开元十三年）二月，宇文融兼户部侍郎。

726年（开元十四年）四月，张说罢相。

729年（开元十七年），宇文融任宰相百日，被贬。

731年（开元十九年）正月，王毛仲被贬赐死。

732年（开元二十年）九月，张说上《开元礼》。是年天下总计7861236户，45431265人。

733年（开元二十一年）三月，韩休为相，十月罢。

734年（开元二十二年）五月，裴耀卿为侍中，张九龄为中书令，李林甫为礼部尚书、同中书门下平章事。

736年（开元二十四年）十一月，裴耀卿、张九龄罢相，李林甫为中书令，牛仙客为兵部尚书、同中书门下三品。

739年（开元二十七年）四月，李林甫为吏部尚书兼中书令，牛仙客为兵部尚书兼侍中。八月，追谥孔子为文宣王。

740年（开元二十八年）十月，李隆基与杨玉环幽会于骊山温泉宫，一见钟情。

741年（开元二十九年），杨玉环度为女道士，号太真。

742年（天宝元年）正月，改元天宝，大赦天下。

743年（天宝二年）正月，安禄山第一次入朝。

744年（天宝三载）正月，改年为载。三月，以平卢节度使安禄山兼范阳节度使。是年，杨玉环已在宫中称娘子，唐玄宗欲以天下事悉付李林甫，被高力士阻止。

745年（天宝四载）八月，册封杨玉环为贵妃。当时唐玄宗六十一岁，杨贵妃二十七岁。

747年（天宝六载）十月，改温泉宫为华清宫。十一月，用李林甫之策，以寒族胡人专大将之任。

751年（天宝十载）四月，剑南节度使鲜于仲通在云南与南诏作战，大败。安西四镇节度使高仙芝与阿拉伯帝国在怛罗斯作战，大败，唐帝国失去对帕米尔高原以西地区的控制权。八月，东北三镇节度使安禄山败于契丹和奚人。

752年（天宝十一载）十一月，李林甫卒，杨国忠为首相大权独揽。

755年（天宝十四载）十一月，安禄山起兵于范阳，唐玄宗以荣王李琬为兵马元帅，高仙芝为副，封常清为范阳和平卢节度使，郭子仪为朔方节度使。十二月，玄宗听信谗言杀高仙芝、封常清，另拜哥舒翰为副元帅。

756年（至德元载）正月，安禄山在洛阳称帝，国号大燕。唐玄宗以李光弼为河东节度使。四月至五月，郭子仪、李光弼大败史思明。六月，哥舒翰被杨国忠逼出潼关，兵败于灵宝，向安禄山投降。唐玄宗仓皇出逃，发生马嵬坡事变，杨国忠和杨玉环被杀，太子李亨与玄宗分道扬镳。七月，太子李亨即位于灵武，是为肃宗，改元至德。李泌赴灵武见肃宗。八月，郭子仪、李光弼将兵至灵武。玄宗下制称太上皇。九月，肃宗借兵于回纥。十二月，回纥兵与郭子仪会合；永王李璘反于江陵；吐蕃乘虚而入，攻陷多处。

757 年（至德二载）正月，安庆绪杀安禄山，即大燕皇帝位。李倓被诬陷而死。二月，郭子仪平定河东。肃宗至凤翔，舍弃李泌平叛方案。李璘败死。四月，颜真卿至凤翔。九月，郭子仪与回纥兵收复长安。十月，收复洛阳，肃宗自凤翔入长安。十二月，玄宗回长安，史思明伪降。

758 年（乾元元年）二月，改元，改载为年。五月，立李俶为太子。八月，以郭子仪为中书令，李光弼为侍中。九月，以鱼朝恩为观军容宣慰处置使。十二月，平卢自立节度使。

759 年（乾元二年）正月，史思明称王。三月，史思明杀安庆绪。四月，史思明称帝。七月，郭子仪回京，以李光弼为朔方节度使、兵马元帅，仆固怀恩为副使。

760 年（上元元年）正月，以李光弼为太尉兼中书令。数月间，李光弼大败史思明。四月，改元。七月，李辅国迁玄宗至太极宫，陈玄礼、高力士失势。

761 年（上元二年），受仆固怀恩之累，李光弼败。三月，史思明被杀，史朝义即位。八月，加李辅国兵部尚书。

762 年（宝应元年）四月，太上皇李隆基、皇帝李亨相继去世，太子李豫即位，是为唐代宗。十月，唐借助回纥收复洛阳，人民被回纥兵和政府军蹂躏。

763 年（宝应二年）正月，史朝义自杀。闰正月，回纥退兵回国，安史之乱平。八月，仆固怀恩反。九月，吐蕃入侵，代宗出奔，长安沦陷。十月，郭子仪收复长安。

765年（永泰元年）十月，吐蕃联合回纥入侵，郭子仪退回纥兵，吐蕃撤军。

779年（大历十四年）五月，代宗卒，德宗继位。

782年（建中三年）十一月，河北四个藩镇宣布独立，之后李希烈亦反。

783年（建中四年）十月，泾原军兵变，德宗流亡。

789年（贞元五年）十二月，吐蕃大举进攻北庭，回鹘出兵救援。次年吐蕃大胜，北庭和安西失联，中华帝国丧失对塔里木和准噶尔的控制千年之久。

805年（永贞元年）正月，德宗卒，顺宗继位。八月，顺宗让位，宪宗继位。朝中朋党争起。

820年（元和十五年）正月，宦官杀宪宗，立穆宗。

824年（长庆四年）正月，穆宗卒，敬宗继位。

826年（宝历二年）十二月，宦官杀敬宗，立文宗。

835年（太和九年）十一月，甘露之变。

840年（开成五年）正月，文宗卒，宦官立武宗。

846年（会昌六年）三月，武宗卒，宦官立宣宗。

859年（大中十三年）八月，宣宗卒，宦官立懿宗。

873年（咸通十四年）七月，懿宗卒，宦官立僖宗。

874年（乾符元年），王仙芝起义。

875 年（乾符二年）六月，黄巢参加王仙芝起义军。

880 年（广明元年）十二月，黄巢攻陷长安，唐僖宗仓皇出逃。黄巢称帝，改元金统，国号大齐。

882 年（中和二年）九月，黄巢部将朱温叛变降唐。十月，唐赐朱温名朱全忠。十二月，李克用参加讨伐黄巢战争。

884 年（中和四年）六月，黄巢兵败自杀。

888 年（文德元年）三月，僖宗卒，宦官立昭宗。

903 年（天复三年）正月，朱全忠大杀宦官。

904 年（天祐元年）正月，杀权臣崔胤。闰四月，唐昭宗被绑架到洛阳。八月，杀唐昭宗。李柷即位，年十三岁，是为哀帝。二月，杀宗室。六月，杀朝中士大夫。

907 年（开平元年）四月，朱全忠称帝，国号梁。大唐灭亡，五代十国开始。

关注“易中天”微信公众号，

看易中天评古论今，让思想文化更适合当代人。

易中天中华史：安史之乱

产品经理｜贺彦军
出版统筹｜吴　畏
学术顾问｜陈　勤
法律顾问｜黄荣楠

装帧设计｜Mirro
后期制作｜白咏明
特约印制｜梁拥军

插图绘制｜方佳翮
徐婧儒
江　雪
策 划 人｜路金波

易中天中华史

第一部［先秦］01——06卷

01 祖先　02 国家　03 奠基者　04 青春志　05 从春秋到战国　06 百家争鸣

第二部［秦汉魏晋南北朝］07——12卷

07 秦并天下　08 汉武的帝国　09 两汉两罗马　10 三国纪　11 魏晋风度　12 南朝，北朝

第三部［隋唐］13——16卷

13 隋唐定局　14 禅宗兴起　15 女皇武则天　16 安史之乱

第四部［宋元］17——20卷

17 大宋革新　18 王安石变法　19 风流南宋　20 铁血蒙元

第五部［明清］21——24卷

21 朱明王朝　22 严嵩与张居正　23 大航海时代　24 命运和选择

图书在版编目（CIP）数据

安史之乱 / 易中天著. -- 杭州 : 浙江文艺出版社，2016.6（2021.11 重印）
（易中天中华史）
ISBN 978-7-5339-4553-4

Ⅰ. ①安… Ⅱ. ①易… Ⅲ. ①安史之乱－通俗读物 Ⅳ. ① K242.205.09

中国版本图书馆 CIP 数据核字（2015）第 124644 号

易中天中华史
安史之乱
易中天 著

责任编辑 金荣良 陈富余
装帧设计 朱镜霖
插　　画 方佳翮 徐婧儒 江 雪

出版发行 浙江文艺出版社
地　　址 杭州市体育场路 347 号 邮编 310006
网　　址 www.zjwycbs.cn
经　　销 浙江省新华书店集团有限公司
　　　　 果麦文化传媒股份有限公司
印　　刷 河北鹏润印刷有限公司
开　　本 890 毫米 ×1280 毫米 1/32
字　　数 131 千字
印　　张 7.5
印　　数 318,801-338,800
版　　次 2016 年 6 月第 1 版 2021 年 11 月第 34 次印刷
书　　号 ISBN 978-7-5339-4553-4
定　　价 45.00 元